アプロウチ&Qで学ぶ

設題
民事訴訟法

◦井上治典◦

信山社
SHINZANSHA

本書のねらいと活用方法

1　本書は，ロースクールに入学して法曹を志す人々に向けた民事訴訟法の学習書である。法学部などである程度法律学を学び，民事訴訟法を授業・体系書でひととおり学んで，訴訟手続の概要と訴訟法理論の基本を理解している人——主として法科大学院既修者，あるいは未修者コース終了者——を対象としているが，法学部での民事訴訟法の演習書としても活用できる。

2　本書の特色とねらいはいくつかあるが，最重点はつぎの点にある。それは，できるだけ紛争状態を想定して，原告側代理人，被告側代理人，さらには裁判官の立場に立って，紛争プロセスの中での具体的局面で，請求の立て方，応答の仕方，証拠の収集・提出について，どのような手段をとればよいかの，手続過程における法曹としての行動選択に重点を置いたことである。設題 2（当事者（被告）の選び方と当事者間の応答），7（関連請求と別訴），9（当事者照会），10（訴訟資料・証拠の収集と提出），19（共同訴訟と訴訟参加）などは，その典型である。そのねらいは，これからの法曹には，しっかりとした基礎に支えられた問題発見能力とともに，紛争状態の中での実践的な行動選択の力が必要な資質として求められ，新司法試験でも，それについてどの程度の力を身につけているかが合否を分かつポイントとして問われると予想されるからである。陳述書や弁論への関与のあり方など，あまり普通の教科書には書いていないことも取り上げたのも，そのような理由からである。仮差押え，仮処分の民事保全の手続も絶えず念頭に置いてアプローチに組み入れている。

3　本書は，大まかであるが，〈設題〉のもとに，〈アプローチ準備〉〈論点整理〉〈アプローチ〉〈設題の趣旨〉〈応用発展問題〉という質問群をおいている。〈アプローチ準備〉では，設題の各小問に答えるために必要な概念・理論の理解を体系書などに立ちかえって確認・整理してもらうことを目的としている。〈アプローチ〉は，原則として，設題の小問に直接答えることを目的にした質問群である。〈応用発展問題〉は，とくに必要と思われる事がらを深めて理解してもらうことを目的としている。〈設問の趣旨〉は，設題によって解説を要すると思われるものに付すことにした。

4　本書には 22 の設題を設定しているが，これらは，民事訴訟手続全体の主

要な論点を配慮して構成したものである（設題は，もっぱら民事訴訟の手続を学ぶためのものであるので，実体法と手続法の両域にまたがる新司法試験の民事系で出題される問題そのものではない。しかし，本設題をマスターすれば，新司法試験の手続法の短答式および論述式の問題に十分に対応できる）。それらに対する答えを出す，あるいは書くにあたっては，読者ないし受講者が常に各自の使用している体系書・教科書等に立ち戻って知識・理解の確認をすることができるようにアプロウチのための質問を配列し，設題をとりまく論点の全体像がみえてくるように配慮した。アプロウチ質問には，読者の知識や理解を「なぜか」ともう一度原点に立ちかえって考えてみることをねらったものも多い。自分の頭で考えることが，法を学ぶうえでは何よりも重要であり，手続法もその例外ではないからである。

5 本書の使い方としては，読者は，各設題そのものにまず自分なりの見当をつけてほしい。その後に，質問群に取り組んでみていただきたい。そのうえで，もう一度設題にもどって，できれば答えを書いてみる。最後に「設題の趣旨」を読んで確認する。この順序で活用されることが望ましい。

本書が法科大学院の講義のためのみでなく，読者自身が新司法試験に合格するための力をつけるために，あるいはグループ討論の教材として，ひろく活用されることを期待する。

2005年2月

井 上 治 典

本書で使用する略語はつぎのとおりである。
百　選…………民事訴訟法判例百選〔第3版〕（2003年別冊ジュリスト）
民　集…………最高裁民事裁判例集
下民集…………下級審民事裁判例集
判　時…………判例時報（判例時報社）
判　タ…………判例タイムズ

目次

- 設題 1　確認の対象と訴えの利益 …………………………………… 1
- 設題 2　当事者（被告）の選び方と当事者間の応答 ……………… 9
- 設題 3　請求のたて方と将来給付の訴え ………………………… 18
- 設題 4　訴状の記載事項と相手方の欠席 ………………………… 24
- 設題 5　当事者（その1） ………………………………………… 28
- 設題 6　当事者（その2） ………………………………………… 32
- 設題 7　関連請求と別訴——手続の重複 ………………………… 36
- 設題 8　口頭弁論の必要性と弁論準備手続 ……………………… 44
- 設題 9　当事者照会 ………………………………………………… 52
- 設題 10　訴訟資料・証拠の収集と提出 …………………………… 57
- 設題 11　攻撃防御方法の提出についての規律 …………………… 62
- 設題 12　弁論主義と釈明権 ………………………………………… 69
- 設題 13　自白の撤回 ………………………………………………… 75
- 設題 14　立証責任 …………………………………………………… 80
- 設題 15　申立事項と判決事項 ……………………………………… 87
- 設題 16　訴えの取下げと和解の効果 ……………………………… 93
- 設題 17　既判力（その1）——基準時と既判力作用 …………… 97
- 設題 18　既判力（その2）——判決効が及ぶ主体と手続保障 … 101
- 設題 19　共同訴訟と訴訟参加 ……………………………………… 110
- 設題 20　独立当事者参加と訴訟承継 ……………………………… 114
- 設題 21　簡易裁判所の手続 ………………………………………… 124
- 設題 22　上訴の利益と上訴審の構造 ……………………………… 128
- 綜合問題 ……………………………………………………………… 134

設題1　確認の対象と訴えの利益

> Aが死亡したのち，Aの長男Y名義になっている土地Lが相続の対象となる財産であるかどうかにつき，YとAの妻X_1，次男X_2，長女X_3，次女X_4との間で紛争が生じた。Yは，土地Lは，Aの生前にAから贈与を受けたと主張しているのに対し，X_1らは，税金対策上Yの名義にしていただけで実質はAの財産であったと争っている。
>
> (1)　X_1らは，Yを相手どって，土地LはAの遺産に属することの確認の訴えを提起した。この訴えは，適法なものとして本案審理がなされるべきか。
>
> (2)　「すべての財産をYに相続させる」とのAの遺言がある。X_1らは，この遺言の効力を争うとともに，まずはいかなる財産が遺産に属するかを明らかにしてもらいたいと考えている。いかなる訴えを提起できるか。遺言によって指定された遺言執行者Tがいる場合は，誰を被告とすべきか。

アプロウチ準備

1　実体法の整理

(1)　遺言がない場合，法定相続分はどうなっているか。

(2)　Aの遺言が相続人の相続分を侵害するとき，その相続人はどのような請求をすることができるか。
　　その請求によって，相続人間の関係はどうなるか。

(3)　「すべての財産をYに相続させる」という遺言について，どのような問題があり，議論があるか。「土地LをYに相続させる」という遺言は，どのような効果を生ずるか。

(4) 生前贈与と死因贈与とでは，どう違うか。

(5) 本件土地Ｌが，X₁らの主張どおり，「Ａが税金対策上Ｙの名義にしていただけ」であるとすれば，なぜＹの単独所有にならないのか。その理由・根拠を示せ。
　　本設題において，土地ＬがＹの登記名義になっているということは，どのような法的効果を生じるか。

(6) 遺言が無効であるとされるのは，いかなる場合か。
　　公正証書によってなされた遺言の場合は，どうか。

(7) 遺言執行者の役割と地位は，どのようなものか。遺言執行者は相続人にどのような説明・報告義務を負うか。

2　手続法の整理

(1) 「事実」の確認が確認の対象として適格がない，とされるのはなぜか。
　　「甲が乙に2004年×月△日に1000万円を渡したことの確認」を例にとって，その理由を述べよ。

(2) 甲が乙を相手どって，交通事故に基づく損害賠償債務が存在しない旨の確認は許されるとされているのに，乙の甲に対する損害賠償請求権の確認は訴えの利益がないとされるのは，なぜか。

(3) 所有権に基づく明渡請求ができる場合は，所有権の確認をなすことはできるか。

(4) 紛争の抜本的解決がもたらされれば，確認の利益がある，という考え方を論評しなさい。

(5) 訴えの利益があるかないかは，「訴訟要件」の1つとされているが，訴訟要件の審理は，どのように行われるか。判断のための資料は，誰が収集するか。訴えの利益があることをYが争わない場合，裁判所はいかにすべきか。

(6) 請求適格と確認の利益とは，どのような関係にあるか。

(7) 「まず訴えの利益があるとの判断に到達しなければ，土地LがAの遺産に属するかどうかの弁論，証拠調べにはいることができない」との考え方は，正しいか。

(8) 当事者適格とは何か。遺言執行者は，なぜ，当事者適格をもつか。

(9) 提訴前に相手方から資料・情報を得る方法はあるか。
　　提訴予告は，なぜ必要か。

(10) 実体法上，説明請求権，開示請求権が認められている場合を複数挙げよ。

(11) Yが土地Lを第三者に譲渡しそうなときに，X_1らはどのような措置をとることができるか。

(12) 予備的請求とは何か。
主張が予備的であることと，請求が予備的であることとは，どう違うか。

(13) 当事者は，予備的請求や予備的主張を行うことを躊躇うことが多い。なぜか。

(14) 本件訴訟は，家庭裁判所の管轄に属するか。

論点整理

本設題について，思考分析すべき問題点を，小問(1)，(2)に分けて，それぞれ簡潔に箇条書きに整理してみよ。

小問(1)へのアプローチ

(1) 特定の財産が遺産に属することの確認は，事実の確認か法律関係の確認か。
（参照：中野貞一郎「確認訴訟の対象——『事実』はどこまで対象適格をもつか」『民

事訴訟法の論点Ⅱ』38頁，谷口安平『口述民事訴訟法』123頁）

(2) 事実か法律関係かを性質づけることによって，自動的，演えき的に結論を得ることができるか。
　　　（参考：井上治典「相続人間の遺産確認の訴えの適法性」昭和61年度重要判例解説（ジュリスト887号）125頁）

(3) 最判昭和61年3月13日（百選31事件）の考え方を論評しなさい。
　　本判決の判決理由で示されている根拠づけはこれで十分であると言えるか。

(4) X_1は，土地Lについて持分権確認の訴えを提起できるので，遺産に属することの確認を求める利益はない，という考え方を論評せよ。

(5) 遺産分割の調停中に小問(1)の遺産確認の訴えが提起された場合，調停手続はいかに進行すべきか。

小問(2)へのアプローチ

(1) 遺言が無効であることの確認については，どのような問題点があるか。

(2) 遺言が無効であることは，なぜ過去の法律行為または法律関係の確認であるのか。

(3) 遺言書の真否確認と遺言の無効確認とは，どう異なるか。

(4) 最判昭和 47 年 2 月 15 日（百選 30 事件）の判旨を論評せよ。

(5) 本件訴えは，誰が原告となって誰を被告とすればよいか。遺言執行者 T がいる場合はどうか。

(6) X_1 らが，Y を相手どって，いかなる財産が相続財産であるのかを説明・開示せよ，という請求を立てて訴えることができるか。T がいる場合はどうか。

(7) X_1 らが遺留分減殺請求をした場合，どのような請求を立てるか。
　　X_1 らが遺言の無効を主張してその旨の請求を立てている場合，遺留分減殺請求をした場合の請求との関係は，どうなるか。

(応用発展問題)

(1) 遺言者生存中になされた遺言無効確認の訴えは適法か（百選 33 事件）。

(2) X_1〜X_4 は，全員が揃って原告にならなければ訴えを提起することができないか

(3) 遺産の分割については、家庭裁判所の調停、審判の手続が用意されている。訴訟と審判とは、どこがどのように異なるか。審判が公開でないのは、なぜか（夫婦同居の審判につき、百選Ⅰ事件）。

(4) 土地LがYの所有であるかどうかにつき、Yは、Aの老後の介護を自分が行ったことを主張し、X₁らはその主張を争った。裁判所はこの点に立ち入って、土地LがAの遺産に属するかどうかの判断資料とすることができるか。

(5) 裁判所は、請求適格ないし訴えの利益があるかどうかの判断を留保したまま、請求棄却判決をすることができるか（参照：高橋宏志『重点講義民事訴訟法（下）』9頁以下）。

設題の趣旨

(1)は、特定の財産が被相続人の遺産に属するかどうかの確認の訴えが、どういう場合になぜ許されるのか、あるいは許されないかを訴えの利益の問題として、実質的にその理由を問うものである。とくに、「法律関係」の確認と「事実」の確認がどういう関係にあるか、なぜ「事実」では利益がないのか、あるいは利益があるとすればそれはなぜなのかという議論を掘り下げてみてほしい。「法律問題」と「事実問題」との関係は、法律上の主張と事実上の主張との関係、事実についての自白と権利自白との関係、弁論主義のとらえ方などの問題と共通の基盤を持ち、民事訴訟法の基本的問題に連なる。

(2)は、遺言の効力、無効の確認の利益を問うとともに、X₁らがYに「遺産範囲を具体的に開示せよ」との請求ができるかどうかを問う。いわば、説明を求める請求の実体的な根拠があるのか、模索的な請求が可能かどうかを問う。遺言執行者がいる場合に、誰を相手方とすればよいか。

また、訴え提起前にX₁らがとることのできる資料・情報収集の措置は説

設題1 確認の対象と訴えの利益

明・開示請求の適否にどのような影響を与えるか。

　X_1らが遺留分減殺請求をした場合，遺言の無効確認の請求との関係はどうなるか。

設題 2 当事者（被告）の選び方と当事者間の応答

　貸金債務の返済をめぐってＸＹ間，ＸＺ間に争いが生じた。契約書としては，Ｙを債務者としＺを連帯保証人として，Ｘが金 300 万円をＹに貸しつけた旨の簡単な自筆の書面がある。

　ＸがＹ，Ｚそれぞれに返済を迫ったが，Ｙ，Ｚが支払わない理由はつぎのとおりである。

　Ｙ——この貸し借りは，ＺがＸから借りることになっていたところ，折柄，秘書手当流用問題で国会で追求されている政治家の秘書Ｚが債務者になるのはＺにとっても，Ｘにとってもまずいということで，名目上自分が頼まれて借りることになっただけで，この事情は，ＸもＺも十分に承知しており，契約の際確認している。現に 300 万円も，契約の際，ＸからＺに直接渡されている。したがって，自分が支払う義務はない。

　Ｚ——たしかに，自分が債務者になれない事情があった。だから，Ｙに借りてもらったのであって，自分は法的には債務者ではない。契約書には，連帯保証人となっているが，実質を言えば，保証人ではなく，単なる立会人にすぎない。300 万円はＸから直接渡されたが，それは，自分がＹに貸していた金を払ってもらったものである。

　Ｘは，Ｚが債務者となるのはまずいという事情およびそのことをＸ，Ｚ，Ｙ間で確認したこと，貸金をＺに直接渡したことは認めている。

(1) このような経緯の中で，Ｘは，誰を相手どって，いかなる請求原因を掲げて，どのような訴えを提起すればよいか。すべての選択肢を挙げてみよ。

(2) Ｘの訴えに対し，Ｙ，Ｚは，それぞれどのように応答（答弁）すればよいか。Ｙを債務者，Ｚを連帯保証人として訴えた場合について答えよ。

(3) ＸがＹを債務者，Ｚを連帯保証人として訴えつつ，Ｙが借りたのではないと認定される場合に備えて，Ｚにも債務者としての責任を追及したい。Ｘは，どうすればよいか。

(4) Ｘの訴えとＹ，Ｚの応答を受けて裁判所は，どのように審理を進めれ

ばよいか。

アプロウチ準備

1 実体法の整理

(1) 消費貸借契約が成立するために必要とされる要素（要件）を挙げよ。

(2) 連帯保証人が債権者に連帯保証人としての義務を負うのは，いかなる契約に基づくものか。
　　その義務の内容は何か。

(3) 契約が無効とされる場合として，どのような場合があるか。
　　心裡留保，虚偽表示による無効について説明せよ。

(4) 貸金がXからZに直接交付されたが，XY間の貸借に基づくものであるとされる場合として，いかなる場合が考えられるか。

(5) 契約は，書面によらなければ有効に成立しないか。

(6) 不当利得による返還請求は，いかなる場合にできるか。その効果は？

(7) 連帯債務とは何か。
　　Y・Zが本件貸借にともに関与しながら，Xの支払請求に応じないことをもって，YとZが連帯してXに債務を負い，支払い義務があるということは

できないか。

(8) 相殺とは何か。その有効要件と効果を述べよ。

(9) ZがYに金を貸していたとして，本設題でYが弁済してその債務が消滅したといえるか。

2　手続法の整理

(1) 「請求の趣旨」と「請求の原因」は，なんのために必要か。

(2) 遅延損害金の請求は，本件請求とどのような関係にあるか。

(3) 仮執行宣言とは何か。

(4) 訴状の「請求の原因」として，どのようなことを記載することが求められているか。

(5) 「同時審判の申立て」は，どのような場合にできるか。

(6) 主観的予備的併合とは何か。それについては，どのような議論があるか。現行法下において認められるか。

設題2 当事者（被告）の選び方と当事者間の応答

(7) 「答弁書」では，どのような対応をなすことが求められているか。

(8) 否認と抗弁とは，何をもって区別されるか。

(9) 積極否認とは何か。本設題に基づいて，具体例を挙げて説明せよ。

(10) 「本案の抗弁」と「本案前の抗弁」との違いを述べよ。

(11) 請求原因や答弁書の記載が不十分である場合，裁判所はどのような措置をとることができるか。

(12) 弁論準備手続とは，どのような手続か。その手続を指定するには，どうすればよいか。

(13) 進行協議期日は，何をするための手続か。

論点整理

(1)〜(4)の各小問についての論点を適示せよ。

設題へのアプロウチ

(1) Xが、Yを被告（債務者）として訴える場合の「請求の趣旨」を述べよ。

(2) Xが、Yを被告（債務者）とするか、Zを被告（債務者）とするかについては、いかなる要素に基づいて決めればよいか。Xから委任を受けた弁護士の立場から、考えられる要因を挙げてみよ。

(3) Xが、Zを被告（債務者）として訴える場合の「請求の原因」として、主張すべき要素を挙げなさい。
　Zを連帯保証人として訴える場合の「請求の原因」として主張すべきことは何か。

(4) 金銭消費貸借契約では、債権者は、契約の成立要件として、貸借の合意と金銭の授受を主張しなければならない。
　本設題において、XがYを主債務者、Zを保証人として訴える場合、消費貸借契約の成立については、実務上どのように表現されるか。つぎの中から選べ。
　(ア) XはYに返済期限を平成×年×月末日限りとして、金300万円を貸し付けた。
　(イ) Xは、Yとの間で返済期限を平成×年×月末日限りとする金300万円の金銭消費貸借契約を締結し、同日、Yに金300万円を交付しYはこれを受領した。
　(ウ) XはYとの間で、返済期限を平成×年×月末日限りとする金300万円の金銭消費貸借契約を締結した。
　(エ) Xは、Zを介して、Yに、返済期限を平成×年×月末日限りとして、金300万円を貸し与えた。

設題2　当事者（被告）の選び方と当事者間の応答

(5)　Xが，Y，Zを共同被告とした場合の「請求の趣旨」と「請求の原因」（の要素）を，Zを連帯債務者とする場合と連帯保証人とする場合とに分けて述べよ。

(6)　Xが，Y，Zを共同被告とする場合に「同時審判の申し立て」を行うことができるか。

(7)　Xがとることのできる選択肢の中で，どれが最も適切か。

(8)　弁護士実務の感覚では，Yを債務者，Zを保証人として訴えるのが一般的である。なぜか。

(9)　Yを債務者，Zを連帯保証人として訴えた場合の，Y，Zの答弁（の要素）を述べよ。

(10)　Yは，Xの請求原因事実を単純に否認することができるか。

(11)　Y，Zが共同被告とされた場合のY，Zの応答は，どのようなものになるか。Y，Zが同一の代理人弁護士を選任した場合，Yは「借りたのはZである」と主張し，Zは「借りたのはYである」と主張することに問題はないか。

応用発展問題

(12) Yを債務者，Zを保証人として訴えた場合，Yが貸し付けを否認し，ZがYへの貸し付けを認めた場合，以後の審理はどうなるか。

(13) XがYまたはZに訴訟告知をする場合，それは何のためか。

(14) 告知を受けた者はどうすればよいか。

(15) Xの申立てとY（Z）の答弁が第1回口頭弁論期日になされたとして，裁判所は，どのように手続きを進めればよいか。

応用発展問題

(1) Yが自己の不動産を売却しようとしている場合，Xは何か措置をとることができるか。

(2) XがYのみを被告とし場合，Zを加えて三者間で和解ができるか。

(3) N出版社（株式会社）はP週刊誌を発行している。編集人・発行人はQである。

　P誌は，特集号で建築家Aを代表とするB建築事務所（株式会社）が設計した建築物について，Aを対象として顔写真入の記事を掲載した。ライターはRであり，その記事中には，建築家Sの「Aのデザインセンスは，田舎の成金思想」との談話も掲載されている。

設題2　当事者（被告）の選び方と当事者間の応答

Tは，Bのライバル建築設計事務所であるが，このP誌特集号をBの取引先等に大量に頒布した。

　(ア)　この記事によって自己の名誉および社会的信用が傷つけられたと信ずるAは，誰を被告としてどのような請求を立てて訴えればよいか。謝罪広告と損害賠償に分けて，それぞれについて適切な被告を選び出せ。

　(イ)　記事中には，B社の名前が全く出されていない場合，B社も原告になるべきか。

　(ウ)　P誌の次号にも続編が発行される場合，これを止める方法があるか。

(4)　XがY（主債務者），Z（連帯保証人）を共同被告として訴えたところ，Zは，XY間の消費貸借契約の成立を認め，XZ間の保証契約の成立も認めた。裁判所は，弁論を分離できるか。

(5)　Yまたは，Zは，自分から討って出て，自己の債務がないことをはっきりさせたい。

　(ア)　誰を相手どって，どのような請求の趣旨を揚げて訴えを提起すればよいか。

　(イ)　その場合，請求を特定するには，請求の原因としてどのようなことを訴状に記載すればよいか。

　(ウ)　債権の発生（成立）についての主張責任，立証責任は，原告と被告のいずれにあるか。

設題の趣旨

　本設題は，全問22題の中でも，最も難しい問題の一つである。問題をじっくり読んで，各小問につき自分なりの見当をつけることがまずは必要である。問題発見能力と企画構成力が問われる課題である。

　選択肢としては，①Xが，契約書どおり訴求する方法（その場合でも，Y，Zを共同被告とする方法と一方のみを訴える方法），②Xが，Y，Zいずれかが債務者であるとして訴える方法，③債務者をZにして訴える方法，④一方を被告にして他方に訴訟告知をする方法など多様であり，それぞれで請求原因が異なる。②については，両立し得ない請求であるので，通常の単純併合でよいかどうかの問題もある。

　Xの訴え選択に応じて，Y，Zの応答も異なってくる。

　このような選択肢の中で，裁判所がどのような審理方法を立てるか。当事者適格の問題と本案の問題とはどのように関係し，審理の順序はどうなのか。現実的課題の中で，しっかりとした理論に裏打ちされたそれぞれのスタンスを決めるトレーニングとして，本問を活用されたい。

設題3 請求のたて方と将来給付の訴え

> Xは，隣接するY製材所の騒音に悩まされているとして，騒音を40ホン以下に落としてほしいと申し入れたが，Yは聞き入れない。
> (1) Xは，差止の訴えを提起するにあたって，どのような請求をたてればよいか。
> (2) Xは，現在までの損害賠償のみではなく，将来の損害賠償についてもその支払いを求める訴えを提起できるか。

小問(1)へのアプローチ

(1) 当事者が申し立てた請求と質的，量的に異なる判決ができないのはなぜか。

(2) つぎのYの言い分について，意見を述べよ。
　「Xがこういう措置をとって40ホン以下に落とせ，と言ってくれないと，自分としては何をしたらよいかわからないので，このような請求では不十分である。」

(3) もしXが具体的措置まで掲げなければならないとしたら，どのような問題点が生じるか。

(4) 最判平成5年2月25日（百選39事件）の判旨について，賛否とその理由を述べなさい。

(5) 抽象的不作為命令の強制執行はどのように行うか。
　間接強制だけで足りるか。

(6) 当事者間で具体的措置について主張，立証がなされ，裁判所も審理を遂げた場合，抽象的不作為請求の申立てに対して具体的措置まで命じる判決はできないか。

(7) 請求異議の訴えについて，300字以内または，2分以内で説明して下さい。

小問(2)へのアプロウチ

(1) 現在給付か将来的給付かは，どの時点を基準に決まるか。将来給付判決は，将来の請求権につき即時に履行せよと命じるか。

(2) 交通事故による将来の労働能力喪失による損害（逸失利益）の賠償請求は，現在給付か，将来給付か。

(3) 大阪国際空港事件で，最高裁の多数意見は，①請求権の基礎となるべき事実関係および法律関係が既に存在しその継続が予測されること②請求権の成否およびその内容につき債務者に有利な影響を生じるような事情の変動は，あらかじめ明確に予測しうる事由に限られ，しかもこれについては請求異議の訴えによりその発生を証明してのみ執行を阻止しうるという負担を債務者に課しても格別不当とはいえないこと，の2要件を適用して，大阪国際空港による騒音被害を主張して過去だけでなく将来の損害賠償を請求した周辺住民Xらの国（Y）に対する将来の給付の訴えを不適法として却下した。この結論の当否につき，下記の団藤裁判官の反対意見を参酌して検討せよ。

設題1　確認の対象と訴えの利益

団藤裁判官の反対意見

「たとえば土地の工作物の設置・保存につき物理的な瑕疵があり，これによって他人に継続的に損害が発生しているばあいに（民法717条参照），その他人は工作物の占有者ないし所有者に対して，すでに発生した損害に対してばかりでなく，その瑕疵が除去されないかぎり将来にわたって継続して発生であろう損害に対しても，その賠償を請求することができるものと解しなければならないであろう。これは多数意見の例示する不動産の不法占拠のばあいと異なるところはないはずだとおもう。そうして，わたくしは，この理を民法717条の場合にかぎらず，国家賠償法2条1項に規定する公の営造物の設置・管理の瑕疵によって他人に損害が生じているばあいにまで推及したいのである。もちろん，民法717条の規定する工作物の設置・保存の瑕疵は，従来，物理的なそれを指すものと解されて来ているのに対して，国家賠償法2条1項に規定する営造物の設置・管理の瑕疵は営造物を構成する物的施設自体の物理的な欠陥ばかりでなく，上告理由第5点に関する多数意見のいうように，その営造物が共用目的にそって利用されることとの関連において危害を生ぜしめる危険がある場合をも含み，本件空港はまさしく後者の観点を加味した意味でのいわゆる欠陥空港とみとめられるのであるから，その設置・管理の瑕疵は複合的な内容のものであって，これを単純に民法717条の規定する工作物の設置・保存の瑕疵と同視することはできない。しかし，原判決は過去の損害賠償に関する被害の認定にあたっても，Xら各自のいわば最小限度の被害の発生は特別の事情がおこらないかぎり，将来，当分のあいだ，確実に継続するであろうことは，むしろ常識的に是認されうるところである。Yが上告理由第8点において指摘されているとおり，原判決が将来の給付を命じるについて明確かつ適当な終期を付しなかったことは原判決の重大な瑕疵といわなければならず，わたくしもこの点で原判決は将来給付の請求に関するかぎり，破産差戻を免れないものと考えるが，もし上記のような最小限度の被害の発生が確実に継続するものとみとめられる期間を控え目にみてその期間内に特別の事態が生じたばあいに相手方に請求異議の訴えによって救済を求めさせることにしても——その特別の事態の発生について賠償額に影響を及ぼすことを立証しなければならないが——これに不当に不利益を課することにはならないというべきであろう。」

(4)　大阪国際空港事件のあげた2つの要件に対して，有力説は，①の要件はよいとしても，②の要件は不要ないし厳格すぎる，①の要件が満たされ同一態様の行為が将来も継続することが確実に予測されるならば，債務者にそのイニシアティヴで事情の変動による免責事由を主張・立証することを要求する

団藤裁判官の反対意見

ほうがむしろ当事者間の公平に合致する，と批判する（『条解民事訴訟法』820頁以下［竹下守夫］など）この有力説の批判をどう考えるか。

(5)　Yが本件土地の登記名義を有しAに駐車場として賃貸していたが，Xは，右土地はXYの共有に属すると主張して，Yに対して共有持分についての移転登記を求めるとともに，賃貸による収益のうちYの持分割合を超える部分は不当利得にあたるとして返還を求める訴えを提起した。事実審口頭弁論終結時から所有権移転登記完了までの期間の部分の不当利得返還請求は，将来の給付の訴えにあたるが，訴えの利益があるか。

〔参考〕　上記のような事案につき，最高裁（最判昭和63年3月31日判時1277号122頁・判タ668号131頁）は大阪国際空港事件が示した2つの要件を適用して吟味した結果，将来の駐車場の賃貸についての将来の給付の訴えは許されないとして，次の通り判示した。

（判旨）　将来発生すべき債権についてもその基礎となるべき事実関係及び法律関係が既に存在し，その継続が予測されるとともに，右債権の発生・消滅及びその内容につき，債務者に有利な将来における事情の変動が予め明確に予測し得る事由に限られ，しかもこれについて請求異議の訴えによりその発生を証明してのみ強制執行を拒否し得るという負担を債務者に課しても，当事者間の衡平を害することがなく，格別不当とはいえない場合には，これにつき将来の給付の訴えを提起することができる……しかし，右賃貸借契約が解除等により終了した場合はもちろん，賃貸借自体は終了しなくても，賃貸人たるAが賃料の支払いを怠っているような場合には，右請求はその基礎を欠くことになるところ，賃貸借契約の解除が，賃貸人たるYの意思にかかわりなく，専ら賃借人の意思に基づいてされる場合もあり得るばかりでなく，賃料の支払は賃借人の都合に左右される面が強く，必ずしも約定どおりに支払われるとは限らず，賃貸人はこれを左右し得ないのであるから，右のような事情を考慮すると，右請求権の発生・消滅及びその内容につき債務者に有利な将来における事情の変動が予め明確に予測し得る事由に限られるものということはできず，しかも将来賃料収入が得られなかった場合にその都度請求異議の訴えによって強制執行阻止しなければならないという負担を債務者に課することは，いささか債務者に酷であり，相当でないというべきである。」

(6) 上記事案につき，(5)で引用の判旨が説くように，賃貸借契約により賃料が将来定期的に入ってくるかどうかは賃借人しだいである面は否定できないが，YがXの共用持分を不法使用している事案であり，大阪国際空港事件が許容例として挙げた不動産の不法占拠者に対する明け渡しまでの賃料相当額請求に類似するとは言えないか。

本件の具体的事案ではAに賃料不払いもなく長期間賃貸しており，Aに特に契約解除の必要が生じるであろう事情もなかったし，移転登記完了時までといったようなかなり限定された期間の期限付きだったのだから，債務者に有利な影響を生じるような事情の変動は明確に予測できるともいえ，むしろ将来の給付の訴えを肯定してもよかったと言えはないか。それとも，賃貸借が賃借人から解約された場合，新しい賃借人がすぐに見つかるとはいえない，といった経済情勢を重視するべきか。

(7) 現行民訴法は，117条で定期金による賠償を命じた確定判決の変更を求める訴えを新設した。これは，将来継続的に発生すべき損害の賠償につき定期金の支払いを命ずることができることを前提としていると言えないか。

(8) 将来のことは予測困難で，不確定であるという要因は，司法または法律家が審理判断を回避するに十分な理由になるか。

(9) 将来給付を認めるべきかどうかにとって，どのような座標軸が設定されればよいか。

(10) 将来給付を許す場合，判決中に配慮すべき事項（条件）があるか。

> **設題の趣旨**
>
> 　小問(1)では，継続的不法行為における差止請求の「請求の特定」の仕方，または請求のたて方を問うものである。いかなる請求であれば，被告に応訴義務が生じ，裁判所も審理・判決しなければならないかという問題でもある。40ホン以下に騒音を押さえるには，被告がなんらかの具体的な措置をとらなければならない。原告が，その具体的な作為義務（防音壁の設置，消音効果をあげる製材機のとりつけ，操業の中止など）をも特定して音量を一定ホン以下にせよ，との請求を掲げなければならないかどうかが，ここでの問題である。
>
> 　小問(2)は，いわゆる将来給付の訴え（135条）として，将来の損害賠償請求が認められるかどうかである。法は，過去のいきさつを吟味して現在の問題に解決をつけることを専らの任務としているので，不確定な将来の問題には対処しにくいという特性がある。しかし，過去・現在・将来は連続的であるし，将来給付の訴えそのものは制度として承認されているので，問題はいかなる場合になぜ認められるのか，あるいは認められないのかである。これからは将来をにらんだとりあえずの紛争調整が司法に求められる状況がますます拡大していくであろう。

> **設題4**　訴状の記載事項と相手方の欠席

> Xは、Yに対しある建物が自己の所有物であることの確認の訴えを提起したが、請求の原因欄には、所有権の取得原因事実が記載されていなかった。
> (1) この訴状に対し、裁判長はいかに対応すべきか。
> (2) 右訴状がYに送達されたが、第1回口頭弁論期日にYは答弁書も準備書面も出さずに欠席した。裁判所はいかにすべきか。

小問(1)アプローチへの準備

(1) 訴え提起に際し、結論（請求の趣旨）を先に掲げ、続いてその理由を述べるというスタイルは、裁判外の交渉の作法とは異なる。なぜ裁判ではこのようなスタイルがとられるのか。

(2) 訴え提起は、なぜ訴状という書面によらなければならないのか。例外はあるか。

(3) 訴状の「請求の原因」の記載は、なんのために要求されるのか。

(4) 民訴規則第53条1項によれば、「請求を理由づける事実を具体的に記載」しなければならないこととされている。請求が何かを特定し識別するために訴状の記載がある、という考え方（同一識別説）は、なお妥当していると言えるか。

(5) 補正命令と補正の促し（規則56条）とは、どう違うか。

(6) 期日前（間）釈明は，なぜ行われるか。

> 小問(1)へのアプロウチ

(1) 本問でXが請求の原因を記載しなかった理由として，どのような事情が考えられるか。

(2) 本設問で，裁判所が，補正を促したがXが応じない場合，裁判所はいかにすべきか。

(3) 「民事訴訟法133条2項によれば，訴状には『請求の原因』を記載しなければならない，とされている。本訴状には『請求の原因』の記載がないので，この訴状は必要的記載事項を充たしておらずそれだけで不適法であり，補正命令の対象となる」という考え方を論評しなさい。

(4) 本問で，もし訴状が却下された場合，Xには不服申し立て方法があるか。なぜ，控訴できないのか。

> 小問(2)へのアプロウチ

(1) 初回期日に当事者が欠席した場合，訴状または答弁書等を陳述したものとみなされるのはなぜか。続行期日に陳述擬制が働かないのはなぜか。

設題4 訴状の記載事項と相手方の欠席

(2) 次のことは正しいか。
　「初回期日に被告が答弁書を提出しないまま欠席すれば、擬制自白が成立するので、裁判所は弁論を終結して、判決言渡期日を定めるのが常である。」

(3) 「欠席判決」とは何か。
　現在でも「欠席判決」という言葉が使われるのはなぜか。

(4) 請求の認諾とは何か。その効果は？

(5) 「Xに所有権がある」という主張に、擬制自白は成立するか。事実について自白したとみなす余地はないか。

小問(2)へのアプロウチ

(1) Y欠席のまま、本訴状に基く第1回口頭弁論期日が開かれた場合、裁判官はどのように手続を進めるか。

(2) 裁判所は、ただちに弁論を終結して、Xの請求を認容する判決をすることができるか。

(3) 続行期日を指定するとして、次回期日までの予定をどのように立てるか。
　Xに請求原因を補充する準備書面をあらかじめ提出するように指示したうえで、Yの答弁書を提出するようにすべきか。それとも、Yが答弁書を提出

していない以上，Yの答弁書の提出を促し，そのうえで，Xに所有権についての請求原因の主張の補充を求めるべきか。

> **設題の趣旨**
>
> (1) 通説である「同一識別説」によれば，この訴状で請求としては足りている。このことは訴訟物論で新理論に立とうが旧理論に立とうが変わりはない。ただし，裁判長が書記官を通じて，電話連絡などにより紛争の原因・経過がわかるように請求原因を記載するよう，事実上指示・勧告する（または記載のないことについて釈明を求める）ことはありうるが，これは「補正の促し」（規56条）であって，いわゆる「補正命令」ではない。
>
> (2) 被告が答弁書も準備書面も提出せずに第1回口頭弁論期日に欠席すれば，通常は擬制自白が成立するが，本説題では何について擬制自白が成立するかが問題となる。「所有権がXにある」ということは，権利または法律関係であるので，事実関係ではなく権利関係について擬制自白が成立するかが小問(2)の第一のポイントである。擬制認諾というものは，ありえない。
>
> もし擬制自白が成立する余地がないとすれば，裁判所は，単純に続行期日を入れて両当事者を呼び出せばよいか，それとも他にとるべき方法があるかを検討することが必要である。
>
> そこで，本問の問題点を整理すれば，以下のとおりである。
>
> ①請求の特定方法──訴状の記載事項
> ②補正命令を発すべきか
> ③初回期日における被告の欠席と擬制自白
> ④権利関係について擬制自白が成立するか
> ⑤次回期日に向けた手続進行方法

設題5 当事者（その1）

> 鹿児島奄美大島でゴルフ場の開発が許可されたことに対して，原告住民らが知事を相手どって開発許可の取消しを求める訴訟を提起した。
> (1) 原告らの中に住民らのほかに，アマミノクロウサギほか4種類の野生動物が顕名されている。裁判所はどのように対応すべきか。
> (2) 「奄美大島の野生動物を守る会」（代表者A）が原告として訴え出た場合，この団体は原告になることができるか。

小問(1)へのアプロウチ

(1) 法の領域では，一般に野生動物や自然は当事者になれないとされているのは，なぜか。

(2) 原告住民が，動物を原告としたことについては，どのような理由があると考えるか。

(3) 鹿児島地裁は，平成7年3月22日，訴え却下ではなく訴状却下命令を下した。訴状を却下する理由，根拠を，裁判官の立場に立って述べてみよ。

(4) 原告の立場から，訴状却下に対する異議，反論を整理して述べてみよ。

(5) アマミノクロウサギ外の動物に実際に訴訟を追行する人の名前を追記して，訴訟を補正することは許されるか。（参照：竜嵜喜助「動物原告」法学教室177号2頁）

(6) ヨーロッパ中世の裁判では，動物も当事者とされることはしばしば見られたし，アメリカ合衆国では，自然や動物を当事者の一員に加えることが許されている。「自然人，法人のみが権利能力を有し，当事者能力を有する」という考え方を論評せよ。

(7) 権利能力のない社団でも，一定の場合に当事者能力が認められるとすれば，権利義務の帰属主体になれなくても，必要があれば当事者になれる，とは言えないか。

(8) 開発許可の取消訴訟は，どのような性質の訴訟か。行政訴訟の原告適格はどのように規律されているか。

小問(2)へのアプロウチ

(1) 一定の要件の下に，民法上権利能力を有していなくても，訴訟では法人でない団体に当事者能力が認められるのは，なぜか。

(2) 判例は，権利能力のない社団が当事者能力を有するかどうかについて，どのような基準を設けているか。(百選13事件)

(3) 当会が全国に80名の会員を持っているが，月々の会費（計2万4000円）で，Aの自宅に集まって，月に1回会合をやっているとする。
　　この場合，当会には，当事者能力はあるか。

設題5　当事者（その1）

(4)　当会は，本件訴訟を追行するだけの適格はあるか。

(5)　「この団体がゴルフ場開発をめぐって住民を代表して県や知事と交渉を行ってきた実績を有すれば，原告としての適格がある」という考え方について，意見を述べよ。

(6)　任意的訴訟担当，選定当事者とは何か。

(7)　住民らがこの団体に訴訟追行を授権した場合は，授権しない場合とどのような違いがあるか。

(8)　住民が原告を選定した場合は，どうか。
　　訴訟係属中に住民らが選定者として加わることができるか。

(9)　選定当事者の制度があるので，この団体に当事者資格を認める必要はない，という考え方を論評しなさい。

(10)　当事者能力と当事者適格との関係について，本設題を通して考えるところを述べよ。

設題の趣旨

　アマミノクロウサギなどの動物に，そもそも当事者（原告）としての資格が認められるかは「当事者能力」の問題である。当事者能力は，何によって決められるか。それは，なぜなのか。

　アマミノクロウサギが自分で訴状を作成したり，提出できるはずはない。必ず「人」が関与しているはずである。そうだとすれば，ただちに却下することなく，なんらかの補正の方法はないか。訴状提出後の裁判所と原告側との応答のあり方をも視野に入れて，どうすればよいかを考えてほしい。

　「奄美大島の野生動物を守る会」は，権利能力なき社団であるが，この団体には当事者としての資格があるか。当事者能力が問題になることにくわえて，この団体に本件訴訟についての原告としての利益・適格が認められるのかの「当事者適格」が問題になる。何をもって原告適格が決められるのか。また，当事者能力と当事者適格との関係はどうか。

設題6　当事者（その2）

> XはAに対して売掛金250万の債務を負っていたが，この弁済に代えて，XがYに対して有する請負代金債権300万円をAに譲渡した。右XA間の債権譲渡の際，XとAは，もしYが右債権を支払わない場合には，X自身が自己の名と責任においてYに対して取立訴訟を行うという趣旨の合意をした。Xは，この合意に基づいて，自ら原告となってYに対して取立訴訟を提起した。この訴えは許されるか。

アプロウチ準備

(1) XのYに対する債権をAに譲渡する場合，Xはどのような措置をとればよいか。

(2) Xは，Aに訴訟をやってもらうために，自己のYに対する債権をAに譲渡することはできるか。それは，なぜか。

(3) Aが譲渡を受けた債権につき，Yが，請負契約は，Xの債務不履行により解除したので支払義務はないと主張してAが支払いを受けられない場合，Aはどのような手段をとることができるか。

(4) Xは，Aの代理人としてYに対して支払いを求める訴訟を行うことができるか。それはなぜか。

(5) XがAの代理人として，訴訟を追行することと，訴訟担当者として訴訟を行うこととは，どのように異なるか。

設題へのアプローチ

(6) わが国では，本人は代理人を立てなくても訴訟を行うことができる。そのことと「弁護士代理の原則」（民訴54条1項①）とは，矛盾しないか。

(7) なぜ，弁護士資格がなければ，原則として訴訟代理人になれないのか。

(8) Xが，AのYに対する債権につき訴訟担当者として訴訟を行う場合，Yに対して誰に支払えとの請求を立てるか。

(9) Xが訴訟担当者として行った裁判の効力は，Aにも及ぶというのは，具体的にどういうことを意味するのか。

(10) 任意的訴訟担当と法定的訴訟担当との異同を述べよ。選定当事者の制度は，任意的訴訟担当か法定訴訟担当か。

(11) YがXの当事者適格を争わない場合でも，裁判所は，Xの当事者適格を問題にできるか。

設題へのアプローチ

(1) 任意的訴訟担当が無条件に許されない理由を本例をもとに具体的に述べよ。

設題6　当事者（その2）

(2) 民法上の組合の業務上執行組合員の訴訟担当は認められるか。（百選19事件）

民法上の組合に当事者能力が認められれば、組合の名で訴えればよいので、訴訟担当は必要ないとはいえないか。

(3) Xは、Aからの授権がなくても、Yに対する訴訟ができないか。

(4) つぎの意見について論評しなさい。

「Aは、弁護士を代理人に立てて訴訟をすればよいのであるから、Xに訴訟追行をゆだねる必要はない。また、ＡＹ間の訴訟の判決の効力はXには及ばない。Xとしても自己の利益をまもるためには、ＡＹ間の訴訟に補助参加をすればよい。だから、本来の権利主体でないXに原告適格を認める必要は乏しく、司法手続の適正な機能を維持するために、訴訟信託禁止の原則を簡単に外すべきでない。」

（参考：中野貞一郎「当事者適格の決まり方」『民事訴訟法の論点Ⅰ』111頁以下）

(5) Y敗訴後の取立て交渉については、Xは、そこまで自分が行うつもりはないことを表明している。一方、Aは、Xにすべてゆだねる旨を表明している。このことが明らかな場合でも、訴訟担当は認められるか。

(6) 本設問で任意的訴訟担当は認められるか。600字程度で整理して述べよ。

（参考：福永有利『民事訴訟当事者論』294頁以下）

設題の趣旨

　本ケースは，いわゆる任意的訴訟担当がいかなる場合に許されるかを問うものである。任意的訴訟担当とは，紛争主体である本人に代わってその本人の授権に基づき第三者が自ら原告または被告となって訴訟を行う形態である。従来の見解に対して近時有力なアンチテーゼが立てられて，従来の通説の座が大きく揺らいでいる（というよりも，最近の理論状況からみれば，従来の通説は，過去では有力であった一学説と化した感がある）ばかりか，最高裁判例にもはっきりと変遷の跡がみられ，学説・判例ともに流動的状況にある問題である。その理論動向を一言で言えば，本来，訴訟をする適格を有する本人（実質的利益帰属主体）が，自己の意思で第三者に訴訟を委ねるということについては，従来の理論では，その弊害面が強調されて，その許容性についてきわめて限定的で厳しい態度がとられていたのに対し，近時の傾向は，これについて理論面および実質面の再検討を試みつつ，実質的には従来の厳格な閉鎖的状況を打破して，いま少し穏やかに任意的訴訟担当を認めていこうとするものである。

　従来考えられていた任意的訴訟担当の許容範囲は，あまりにも限定的にすぎるという認識が一般的になりつつあるとしても，その許容性自体に一定の限界があることも否定しがたいがたいところであるから，どのような要件のものでいかなる場合に任意的訴訟担当が許されるかが問題である。本問は，一つの具体的ケースをめぐって，その点の立ち入った検討を期待するものである。その際，本ケースで任意的訴訟担当を認める必要性はどの程度であり，また，予想される弊害面はいかなるものであるかなどの実質的利害状況の分析・検討が必要であるが，当事者適格の基礎理論をにらみながら，議論を展開する必要がある。議論の状況をバランスよく展望するものとして，高橋宏志『重点講義民事訴訟法』252頁以下を参照。

設題7　関連請求と別訴——手続の重複

　X（住所地東京都）は，平成13年4月1日，知人の画家Yにその所有家屋（所在地仙台市）を賃料月額20万円で賃貸した（賃貸期間5年間）。Xは，平成16年3月1日に賃貸借契約を解除するとの意思表示をしたうえで，本件建物の明渡し，10ヵ月分の未払賃料200万円および遅延損害金の支払いを求め，あわせて，本件建物の所有権がXにあることの確認を求めた。Xの請求の理由は，Yは平成14年末に，建物を無断でアトリエに改築したうえ，平成15年5月分から約定の賃料を払わなくなったので，契約解除に及んだが，Yは建物から退去しないまま居すわっている，というものであった。

　一方，Yの言い分の要旨はつぎのとおりである。賃貸借契約の内容と成立はXの主張のとおりであるが，平成15年3月頃，Xが画がほしいというので5点の絵画を渡したが，代金を払わない。賃料支払いを止めたのは，代金の一部と賃料とを相殺したからである。また自分はもともと，5点の絵画または残代金3000万円で，本件建物を買い受けたと思っている。

(1) Xの本件訴えには，どのような請求が併合されているか。

(2) Xは，建物明渡しと未払賃料および明渡しまでの賃料相当額の損害金の支払いを求める訴訟を提起した後に，別訴で建物所有権の確認の訴えを提起した。別訴を受けた裁判所は，いかにすべきか。先行訴訟がXの住所地である東京地方裁判所に，別訴がYの住所地である仙台地方裁判所に提起された場合はどうか。

(3) Xの訴えに対し，Yはどのような反訴を起こすことができるか。

(4) Yは，絵画の代金3200万円の中200万円を相殺の抗弁として使いながら，別訴でXを被告として売買代金3200万円の支払いを求めた。別訴を受けた裁判所はいかにすべきか。

(5) XのYに対する本件訴訟の係属中にXが死亡した場合（Xの相続人はXの子であるA），訴訟手続はどうなるか。裁判所書記官になったとして，考えよ。

　　訴状送達直前にXが死亡した場合，判決言渡後に死亡した場合は，ど

うか。

小問(1)へのアプローチ

(1) 所有権に基づく建物明渡請求と賃貸借契約終了に基づく建物明渡請求とは，訴訟上の請求としては同一か別個か。

(2) 賃料不払いによる解除と無断増改築による解除とは，実体法上の根拠が異なるので訴訟物が異なることになるか。

(3) 未払賃料の請求と明渡しが履行されるまでの損害賠償請求とは，同一の訴訟物か。遅延損害金の請求との関係はどうか。
　明渡しが履行されるまでの損害賠償は，現在の給付請求か。

(4) 訴訟上の請求（訴訟物）の単復異同を論じることは，訴訟手続上，具体的実質的にどのような意義を有するか。

(5) 本設題において，Xが所有権確認を求める利益はあるか。

(6) 本設題で，原告（X）が所有権を請求原因として明渡しを求めた場合，被告（Y）はどのように応答するか。
　その申立て─応答のプロセスはXがはじめから賃貸借契約終了に基づく明渡しを求めた場合とどの程度異なるか。

(7) 請求の併合形態には，どのようなものがあるか。
　　選択的併合は，訴訟物について新説（訴訟法説）をとれば，認める余地はないか。

(8) 小問(1)について，500字程度で答えよ。

小問(2)へのアプロウチ

(1) 二重起訴禁止の趣旨は，訴訟物が同一の場合に限られるか。

(2) Xは，先行訴訟の中で追加的に訴えを変更して所有権確認を求めることができるか。
　　この追加的変更は，中間確認の訴えとどう異なるか。

(3) 弁論の併合とは何か。先行訴訟と後行訴訟とが，官庁としての裁判所を異にする場合，弁論の併合はできるか。

(4) 弁論の併合につき，当事者に申立権があるか。

(5) 移送とは何か。本件で，仙台地裁は，Yから移送申立てがなされた場合，東京地裁に移送すべきか。

(6) 設問(2)につき，500字程度で答えよ。

> 小問(3)へのアプローチ

(1) 反訴を提起できる要件と訴え（請求）の併合要件とを比較して，その違いの理由を述べよ。

(2) 予備的反訴とは何か。

(3) Yが反訴で提起することが可能なすべての請求を挙げよ。

(4) 反訴が不適法として却下された場合，どのような不服申立方法があるか。

(5) 反訴の手数料（印紙額）は，本訴と異なるか。

(6) Yは，3200万円の絵画の売買代金の中の200万円を相殺の抗弁に使いながら，3200万円の支払いを求める反訴を提起できるか。

> 小問(4)へのアプローチ

(1) 相殺の抗弁は，弁済や消滅時効の抗弁と異なるところがあるか。

(2) Yは，3000万円で本件建物を買い受けたと主張しながら，別訴として3000万円を請求するのは矛盾しているとは言えないか。別訴を受けた裁判所は，主張自体失当としてただちに請求棄却判決ができるか。

(3) 別訴を許した場合の問題点ないし不合理な点は，具体的に何か。それは別訴を許さないとするほどに深刻なものか。

(4) 先行訴訟と別訴で判断が矛盾する可能性は，現実問題としてどの程度あるか。矛盾判断を回避する方法として，どのようなことが考えられるか。

(5) 本設題のような，相殺の抗弁先行型の場合には抗弁後行型と比べて，別訴を許容する方向に働く要因として，どのようなものがあるか。

(6) 「Yは，別訴ではなく反訴を提起するべきである」という考え方もある。その根拠は何か。また，その考え方について，あなたの考え方を示しなさい。

(7) 「相殺の抗弁は，あくまで抗弁であって，請求ではない。二重起訴禁止は，二重の『起訴』を禁止するものであるから，抗弁で提出したものを別訴で請求することは，これに触れるものではない」という考え方を論評せよ。

(8) 判例の立場に立って別訴は許されないと解した場合，不適法却下することは妥当か。
　　また，かりに別訴は許されないとした場合，3200万円全体の別訴請求が許されないことになるのか。

(9) 小問(4)について，600字程度で自己の考え方を展開してみよ。

小問(5)へのアプロウチ

(1) 訴訟係属中Xが死亡した場合，訴訟手続は常に中断するか。

(2) 受継の申立ては，誰ができるか。

(3) Aに受継を認めるかどうかにつき，裁判所書記官は，どのような書類の提出を求めるか。それは，なんのためか。

(4) X死亡とAが手続を受継するまでには，時間の経過がある。Aは何時の時点から訴訟当事者になっているのか。

(5) X代理人Rによって訴状が出されたが，送達直前にXが死亡していた場合，それが判明した時点でRはどのように対応すればよいか。表示をXからRに訂正するだけで対応できないか。訴訟中の死亡による承継の手続きを類推適用できないか。

(6) 判決言渡し後にXが死亡した場合，AY間に，XY間の判決の効力が及ぶのはなぜか。
　　AがYに対し強制執行をするには，どうすればよいか。

設題7　関連請求と別訴——手続の重複

(7) 執行文は，なぜ必要か。

┌─ 設題の趣旨 ─┐

　本設題の中心は訴訟手続を重複させることの是非を問う，小問(2)と(4)にある。(1)は，そのための序章であり，(3)と(5)は付加的な設問である。

　(1)は，審判の対象（訴訟物）の異同を何によって決めるかを具体的に問うもの。同じ所有物をめぐる紛争でも，所有権確認と明渡し請求が，確認訴訟と給付訴訟であるので，訴訟物が異なることは争いがない。しかし，所有権に基づく明渡しと賃貸借契約終了に基づく明渡しとでは，訴訟物が異なるのか。実体法上の給付請求権ごとに訴訟物が異なるとする考えに立った場合（実体法説，旧訴訟物論），無断増改築による契約解除と賃料不払いによる契約解除とでは，解除原因が異なる。そうすると，実体法上は解除原因が違うので，両方主張した場合，訴訟物は違うことになるのか。

　さらに，もし，Xが，不法占拠（不法行為）であるので明け渡せと主張し，その損害を主張した場合，未払賃料の請求との関係はどうなるのか。さらに契約解除の時点から明渡しまでの損害の賠償および遅延損害金の請求との関係は？　Yは，これに対する相殺を主張できるのか。

　そうして，もともと請求（訴訟物）の単複異同を論じることについては，どのような効用があるのか。

　(2)は，訴訟物が異なれば，常に別訴が許されるかを問う問題である。二重起訴禁止の趣旨，移送をすべきかどうか，弁論の併合とは何かを整理してほしい。

　(3)は，被告Yからの反訴についての問題である。反訴と請求の併合との要件を対比しながら，本問に即して反訴の適否を考えてみられたい。Yが，(ｱ)建物所有権は自分にあることの反訴は許されるか，(ｲ)建物所有権がXにないことの確認は？　(ｳ)3200万円の代金債権の中，200万円を相殺で使いながら，3200万円の反訴は許されるか，(ｴ)5点の画を引き渡せ，という反訴はどうか。(ｵ)明渡しまでの賃料相当額の損害金に対する相殺または反訴

はできるのか，等々。

(4)は，相殺の抗弁と二重起訴との関係を問う問題であり，現行司法試験でも出題された二重起訴禁止の典型的問題である。結論は両論が可能であるが，相殺の抗弁の特徴を踏まえながら，二重起訴禁止の趣旨をしっかりと自分なりにとらえておくことが求められる。判例（百選45事件）の考え方にも，意を払っておくこと。

(5)は，訴訟中の当事者死亡についての手続上の効果について，考え方を整理してもらうための問題である。Xに訴訟代理人がついている場合といない場合とを分けて答えなければならない。

訴状送達直前に当事者が死亡した場合，実在しない当事者を原告とする訴訟であるということで不適法却下するのは，実質的に妥当か。これについて，先例はないか。

設題 8　口頭弁論の必要性と弁論準備手続

次の五つの問いに答えよ。
(1) 口頭弁論はなぜ必要か。
(2) 弁論準備手続が口頭弁論と異なるところを挙げよ。
(3) 電話会議システム，テレビ尋問の功罪について述べよ。
(4) 「陳述書」が実務で活用されるのはなぜか。それにはどのような問題があるか。
(5) 裁判が公開される理由を第 21 回の設題に基づいて説明せよ。

小問(1)へのアプロウチ

(1) 原告と被告との二当事者間の対話，議論と第三者を介在させての対話，議論とは，異なるところがあるか。
　　介在する第三者が裁判官である場合は，二当事者間の議論はどのように変容するか。

(2) 当事者以外の関係者など，第三者がその場にいて見ている（聞いている）場合の対話，議論と，当事者以外の者はいない場合の対話，議論とは，異なるところがあるか。

(3) 前回 設題 7 の事例に基づいて，書面だけのやりとりでは不十分で口頭による弁論が必要な理由を具体的に述べよ。

(4) 当事者の一方に退席してもらって，口頭弁論を行うことはできるか。それは，なぜか。

(5) つぎの某裁判官の発言を論評しなさい。
　「裁判官は，経験を積めば，主張書面，書証，尋問調書などの一件記録を読めば，すべてがわかるようになります。だから，本当のプロになれば，書面審理で十分です。現に，上訴審の実態は書面審理でしょう。韓国でも，民事裁判の実状は，書面審理です。」

(6) 裁判官の交替と直接主義，口頭主義との関係について述べよ。

(7) 和解手続や民事保全の審尋では，一方だけの当事者と裁判官だけで対話をすることが多い。なぜ許されるのか。

小問(2)へのアプロウチ

(1) つぎの意見を論評しなさい。
　「争点整理は，当事者の主張の食い違うところを明確にして，人証調べの対象を定めるための手続である。したがって，あくまで主張の整理の手続である。」

(2) 弁論準備手続を受命裁判官によって行う場合に，本来の口頭弁論であればできるが，弁論準備手続であればできない手続ないし訴訟行為があるか。

(3) 弁論準備手続に付すかどうかにあたり，なぜ当事者の意見が聴かれるのか。

設題8　口頭弁論の必要性と弁論準備手続

(4)　法廷での弁論と比較して，弁論準備手続でのやりとりには，物的，人的にどのような違いがあるか。

(5)　弁論準備手続は，原則として公開されるべきである，という立法論について，理由を付して賛否を述べよ。

(6)　弁論準備手続から口頭弁論に移行した場合，弁論準備手続の結果を当事者が陳述することになっている。なぜ，結果陳述が必要なのか。

(7)　弁論準備手続の中で，和解を行うことはできるか。

(8)　弁論準備手続において当事者尋問，証人尋問を行うことができないのはなぜか。

(9)　弁論準備手続において当事者本人が述べたことは，主張か証拠資料か。

小問(3)へのアプロウチ

(1)　電話会議システムについて，前回 設題7 の事例に基づいて，訴えが仙台地方裁判所に提起されたと想定して，どのような手続であるかを具体的に説明せよ。

小問(4)へのアプローチ

(2) テレビ尋問とは何か。

(3) 弁論をテレビ会議方式で行うことが予定されていないのはなぜか。

(4) つぎの方式のやりとりを比較して功罪を述べよ。
- (ア) 書面によるやりとり
- (イ) インターネットによるやりとり
- (ウ) 電話によるやりとり
- (エ) 音声と映像（テレビ）によるやりとり
- (オ) 直接対話方式（事前に書面なし）
- (カ) 直接対話方式（事前に書面あり）

(5) 電話会議システムを活用する限界について論ぜよ。

(6) テレビ尋問がほとんど利用されないのは、なぜか。

小問(4)へのアプローチ

(1) 陳述書は、どのように作成されるか。
なぜ、代理人弁護士の「報告書」として作成、提出されないのか。

(2) 陳述書の効用について述べよ。

(3) 陳述書を証拠として活用することの問題点を述べよ。

(4) 原告の陳述書を提出されている場合に主尋問がつぎのように行われたとすれば、どのような問題があるか。

原告代理人　「甲△△号証を見せます。この陳述書はあなたが作成したことに間違いありませんか。」

原告本人　　「はい、間違いありません。」

原告代理人　「この陳述書に書かれていることで、何か間違いあるいは、修正する、追加することはありますか。」

原告本人　　「ありません。」

原告代理人　「それでは、すべてこの陳述書のとおりで、このとおりに供述しますか。」

原告本人　　「はい。陳述書のとおりに供述します。」

原告代理人　「それでは、これで主尋問を終ります。」

(5) 証人尋問において、「交互尋問」がなぜ採れるのか。
　　わが国の尋問の実態には、どのような問題があるか。

(6) 「対質」とは何か。それは、どのように行われるか。
　　対質があまり用いられないのは、なぜか。

(7) 尋問の記録は、なんのために必要か。どのように作成されるか。

小問(5)へのアプローチ

(1) 裁判はなぜ原則公開か。

(2) 公開の機能として,「国民監視の下で,専門家の恣意を抑制する」という機能は,現在のわが国の司法においてはどの程度あるか。

(3) 設題19 (後掲)の事案につき,傍聴席に来る可能性のある人を摘示し,その傍聴人にとって公開がどのような意味を持つかを考えよ。

(4) 同事案で,当事者本人・代理人にとって,それらの関係者が傍聴しているということがどのような意味を持つかを考えよ。

(5) 公開の持つ,「オーディエンス効果」,「紛争ネットワーク活性化機能」について,整理して論ぜよ。

(6) 弁論準備手続における公開(傍聴)のあり方の立法論を示せ。

(7) プライヴァシー,企業秘密と公開との関係は,いかにあるべきか。

設題8　口頭弁論の必要性と弁論準備手続

応用発展問題

　Xは，昭和38年以降，1日の塩分摂取量を10ｇ以下とすることを目標とした減塩運動をしてきたが，減塩のために筋萎縮性側索硬化症に罹患し聴覚神経を侵されてしまい，精神的損害を被ったと主張して国（Y）を相手どって，1日の塩分摂取量を10ｇ以下とすることを目標とした減塩運動を改めるとともに，慰謝料として8000万円を支払え，との訴えを提起した。

　裁判所は，Xの請求は明らかに理由がなく，補正の余地もないと判断して，Yに訴状も送達せず，第1回口頭弁論期日にXに訴状等の準備書面の陳述をさせないまま，減塩運動を改めよという訴えを却下し，損害賠償請求をを棄却した。

　Xは，ただちに控訴した。控訴審は，原審の判決を是認すべきか。

　　（参考：福岡高判平成13年2月20日判タ1123号281頁・「平成15年度主要民事判例解説」（判タ1154号）194頁〔小野寺忍〕）

設題の趣旨

小問(1)について

　口頭弁論がなぜ必要かは，民事裁判手続の出発点であるが，当たり前のことをきちんと説明するのは，意外に難しい。

　「口頭弁論」をいかなる意味で使っているかを，はじめに明確にしておくことが望ましい。「口頭」によるやりとりの趣旨・目的を示すことは不可欠である。口頭弁論の現状や審理の実状について，ある程度の認識をもっていれば，議論が生きてくる。

小問(2)について

① 　「争点整理」とは何かということを明確に示したうえで，弁論準備手続で行われることをまず整理して臨むことが必要である。
② 　そのうえで，本来の口頭弁論との対比を行い，異なるところを拾い

出して，その理由も示して欲しい。

小問(3)について

電話会議による弁論準備（176条3項），テレビ尋問（204条）のメリット，デメリットを問うている。小問(1)がしっかりと答えられれば，おのずと解ける。

小問(4)について

「陳述書」は，民事裁判の実務では非常に多く活用されている。口頭主義の建前の下で，なぜそうなのか。

「主張」ではなく，「証拠」であるから問題はないと言えるか。どのような点に問題があるか。なぜ，法規にも規定がなく，教科書でもあまり解説がないのか。

陳述書の活用の仕方は，いかにあるべきか。

小問(5)について

裁判の公開は，憲法上の要請もあり，当たり前のことと意識されているが，なぜ裁判は公開なのかを具体的に考究されたい。そのために，設題19のケースを基にして，掘り下げて考えてほしい。裁判官などの法専門家の言動を一般国民が監視する必要があるとか，裁判の透明性を確保するため，というような抽象論では足りないはずである。紛争当事者・代理人と傍聴人との関係で，実質的な理由を考えてみてほしい。

設題9　当事者照会

　　Y会社がビル建築工事を請け負って，クレーン車でH型鋼をつり上げて移動する作業をしていたところそのH型鋼が他の鋼材と接触して，H型鋼と他の鋼材とが落下し，その下で作業をしていた従業員Aが死亡した。Aの遺族であるXが，Yに対し，安全配慮義務違反による債務不履行ないし不法行為に基づく損害賠償請求の訴訟を提起した。

　　訴訟中Xは，Y会社に次の事項につき当事者照会をした。
　① クレーン車を運転していた人の住所，氏名を明らかにされたい。その人のY社における就労状況を事故の10日前から当日までお知らせください。
　② 事故当時，Aはどの場所で，誰と一緒に作業していましたか。
　③ 本件事故より半年前に，Y会社の別の建築現場で起こったトラック積荷の際の事故の状況および原因について，できるだけ詳しく説明してください。

(1) Xがこのような照会をすることができる実質的な理由・根拠は何に求められるか。
(2) Yは，②については回答したが，①③については回答を拒否した。①③につき，Yに回答義務はあるか。
(3) ①③についてYが回答しなかった場合，Xはどのような方法を採ることができるか。
(4) Xが，訴訟前にこのような照会をする場合（民訴132条の2）と訴訟提起後に照会する場合とで，何か違いがあるか。

アプロウチ準備

(1) 当事者照会が，民事訴訟法典の第2編第4章（証拠）ではなく，第2編第3章第2節（準備書面等）に規定されているのは，なぜか。つまり，なぜ証拠の章に規定されなかったのか。

(2) 民事訴訟法は裁判の手続であるのに，裁判所が関与しない当事者間の質問と回答の手続が民事訴訟法に規定されているのは，なぜか。

(3) 当事者が訴訟外で相手方側に照会して回答を求めることができる理由は何か。

(4) 相手方に代理人弁護士がついている場合，弁護士に対して照会すべきか，本人に対して照会すべきか。

(5) 当事者照会を受けた場合，回答拒絶事由に該当しなければ，回答をする義務があるか。

(6) 回答義務があるという考え方に対して，訴訟上主張責任がない場合に，なぜ回答しなければならないのか。回答義務があるという立場と，ないという立場とで実質的にどう違うか。

(7) 準備書面の中で，当事者照会をなすことができるか。

(8) 代理人弁護士が照会を受けた場合と当事者本人が照会を受けた場合とで回答について何か違いがあるか。

(9) 「求釈明」とは何か。
　　訴訟上は，なぜ相手方に直接問いただすことはできず，裁判官（所）を介し

設題9 当事者照会

て相手方に問うことになるのか。

(10) 裁判所からYに釈明が求められても、Yがそれに答えない場合、どうなるか。

(11) 実務上は「求釈明」が出された場合、裁判所は、釈明が求められた側に、「自己の判断で対応して下さい」と言う場合がしばしば見られる。なぜか。

(12) 当事者照会を行う場合、照会をする側はどのような心配りをすればよいか。

(13) 文書提出命令について説明せよ。

(14) 主張責任とは何か。

小問へのアプロウチ

(1) ①～③について、Xの側に立って、照会を求める理由を述べよ。

(2) Yの側に立って、①③について、回答しない理由を述べよ。

(3) Xは、①③の回答拒否を受けて、照会書と回答書とを書証として提出すべきか。

(4) Xが、①③につき求釈明を申し立てた場合、裁判所はYに釈明すべきか。

(5) Xは、①③の回答拒絶を受けて、「Y会社は、作業員に過重労働を強いたことが本件事故を引き起した」、「Y会社の作業の安全管理はずさんであり、本件事故は半年前のトラック積荷事故と同様、安全配慮義務違反である」との主張を行った。
　　Yは、「Xの主張にはなんらの証拠もない。否認する」と主張した。このYの主張は、許されるか。

(6) Xが訴訟提起前に当事者照会を行う場合、どのようなことがXに求められるか。それはなぜか。

(7) ①③の回答拒絶を受けて、Xが文書提出命令の申立てをするとして、どのような文書が考えられるか。
　　その文書提出命令の申立ては、認められるか。
　　当事者照会で回答を拒否したという経緯は、提出命令を発する要因になるか。

設題の趣旨

(1)は当事者照会によって質問をし、相手方から回答を求めることができる実質的な理由・根拠を問うものである。法規（163条）を根拠規定として

挙げるだけでは足りない。当事者照会の制度趣旨を実質的に説明することが求められる。

(2)は当事者照会において、そもそも回答義務があるのか否か。それとの関連で、①、③について回答拒絶事由（同条1～6号）があるかどうかの、具体的な検討を期待するものである。

(3)は、相手方の不回答または不誠実回答を受けて、照会者がどのような手段をとることができるか。照会に対する（不）回答の効果を問うものである。「裁判官の心証に影響を与える」という一般理論では足りない。次なる訴訟手続の局面で、Xはどのような手段をとることができるか、その際当事者照会における回答のありようが、なぜ、どのような効果を有するのかを立ち入って考えていただきたい、という趣旨である。本設問の中心は、この(3)にある。

(4)は、提訴予告をしたうえで当事者照会をする場合と訴訟係属中に当事者照会をする場合とで違いがあるかどうかを問うものである。

設題10　訴訟資料・証拠の収集と提出

　Y会社がビル建築工事を請け負って，クレーン車でH型鋼をつり上げて移動する作業をしていたところ，H型鋼が他の鋼材と接触して落下し，その下で作業をしていた従業員Aが死亡した。Aの遺族Xは，Y会社に損害賠償を請求する訴訟を提起した。

　この訴訟において，Xが，つぎの各事項についての資料を収集・提出するには，どのような方法があるか。考えられるすべての手段を挙げ，それぞれの手段について資料が裁判手続に顕出されるまでの手続を具体的に示したうえ，どれを選べばよいかを比較検討せよ（設題9で検討した当事者照会は除く）。

① Y会社が保有する従業員給与体系表
② Y会社が保有する「建設作業労務安全管理規則」
③ 建築工事におけるクレーン車等の重機類の取扱・操作についての指導監督省庁の指導内容とY会社に対する指導の有無
④ 本件でクレーン車を操作していた従業員Kおよび監督責任者Sが，警察署および検察庁で取調べを受けていたとして，その取調べおよび捜査の記録
⑤ 同じくY会社の建築現場で起こった別個のトラック積荷事故について，負傷者を原告とする民事裁判が係属中である場合に，その裁判の全記録
⑥ 事故直後，作業現場を撮影したNテレビ会社のビデオテープ
⑦ XがY会社の銀行預金を仮差押えするために知りたいYの預金口座

アプローチ準備

(1) 相手方が保有する資料・証拠の提出・開示を求める方法として，どのようなものがあるか。

(2) 第三者が保有する資料・証拠の提出を求める方法として，どのようなものがあるか。

(3) 弁護士照会とは，どのような手続か。被照会者は，回答義務があるか。

(4) 証拠保全が資料収集・情報開示の機能を持つのは，なぜか。

(5) 金銭債権についての強制執行を行うために，相手方（債務者）の財産状態を知る方法はあるか。

(6) 文書の送付嘱託は，どのような文書につき誰に命ずるか。

(7) 調査嘱託は，どのような調査を誰に依頼するのか。

(8) 検証物の提出またはビデオ撮りについては，手続上どのような約束ごとがあるか。

(9) 提訴前の資料収集方法には，どのようなものがあるか。

各小問へのアプロウチ

(1) 当事者の一方が相手方が保有する文書を特定できないとき，文書提出命令の申立てはできないか。

(2) 本設問の②ないし⑥の証拠調べの申立てに対して，Yは，訴訟手続に顕出しない方向で意見を述べる準備書面を提出したい。各証拠調べの申立てに対するYの意見の要点を記せ。

(3) 第三者が保有する文書の提出義務と相手方当事者が保有する文書提出義務とで，何か違いはあるか。（参考：東京高判昭和59年9月17日高民集37巻3号164頁）

(4) Xは，Yの保有する文書の送付嘱託を申し立てることはできるか。

(5) 本設問の①の文書提出命令の申立てに対し，Yは，提出に反対するつぎのような意見を述べた。

　「Y社が保有する賃金体系表は，主として事務職従業員に関するもので，現場作業従業員の給与は，各従業員の前年までの仕事の実績に応じて毎年決めている。
　　また，Y社の賃金体系表は，会社の内部文書であり，従業員にもその家族にも見せるものではない。ましてや，競業他社に知れれば従業員引抜きのために使われるおそれがあり，容認しがたい。そもそも損害賠償額算定のための逸失利益の主張・立証責任は，原告側にあり，一般男子賃金センサス表から算出すれば足りるのであるから，あえてこのような文書の提出を求める根拠も必要性もない。」

裁判所は，いかにすべきか。

　裁判所がXの申立てを認める決定をした場合，Yはどのような不服申立方法をとることができるか。

　控訴審で却下決定がなされた場合，どのような不服申立方法があるか。

(6)　設題③について，証拠調べの申立書を書いてみよ。

(7)　④⑤について，個人のプライバシー保護との関係は，どのように考えるべきか。

　もし，Y会社の代表者または担当責任者が尋問を受けた場合，証言または供述を拒絶できるか。

(8)　⑥のビデオは，いかなる場合に必要か。事故クレーン車をビデオで撮影するには，どのような手続によればよいか。

(9)　裁判は公開されているのに，なぜ他人の裁判記録の閲覧・謄写は，自由にはできないのか。

(10)　②について，証拠保全を申し立てることと文書提出命令を申し立てることとでは，どのような違いがあるか。

(11)　本設題の各事項のうち，Yが保有するものについては，Xが知りたいことについて，Yから説明（主張）してもらうよう，求釈明をすれば足りる，とは言えないか。

(12) 刑事記録，とくに検察官面前調書をそのまま民事裁判の証拠として採用し，事実認定の基礎とすることの問題点を述べよ。

(13) インカメラ手続とは何か。

(14) 弁護士法による照会は，所属弁護士が申し立てれば，弁護士会はフリーパスで照会書を送るか。

(15) 相手方や第三者から裁判手続外で資料を得たいとき，代理人弁護士はどのように対応するか。Xの代理人になったとして，考えよ。

設題11　攻撃防御方法の提出についての規律

設題Ⅰ

　甲は，所有土地を乙に賃貸し，乙は土地上に建物を建てて居住している。乙は，地代1ヵ月あたり30万円は，土地価格の下落および近隣の地代の価格状況から高すぎるとして，月額20万円にするよう甲に求めたが，甲が応じないので，30万円の地代の支払いを停止している。

　甲は，賃料不払いを理由に土地賃貸借契約を解除して，予備的に期間は満了したとして，乙に対して建物を収去して土地を明け渡すよう求める訴えを提訴した。

(1)　乙は，弁論準備手続において賃料不払いの事実はないとして解除原因を争っていたが，口頭弁論に移行した直後の期日において，予備的に，「かりに解除が効力を生じているとしても，甲との交渉過程で明渡しを2年間猶予する旨の合意が成立している」として，その旨の立会人Aの陳述書の提出と証人申請を行った。

　　この乙の主張および証拠提出に対して，甲は何ができるか。

　　これを受けて，裁判所は乙の上記主張および書証提出に対して，いかなる対応をとることができるか。

(2)　本人尋問などの人証調べの口頭弁論が行われた後に，乙が建物買取請求権を行使する旨の主張を追加した。この追加主張は，時機に後れた攻撃防御方法として却下されるか。

設題Ⅱ

　つぎの各行為につき，相手方当事者および裁判所はどのように対応すればよいか。

(1)　債権者の保証人に対する保証債務請求訴訟の第3回口頭弁論期日で，次回までに被告が，契約書に押印した経緯について準備書面を提出することを確約したにもかかわらず，被告が準備書面を提出しないまま欠席した場合の第4回口頭弁論期日。

(2) 第10回の設題で，XがY会社の従業員を脅して入手したY会社の「建設作業労務安全管理規則」を証拠として提出してきた場合。

(3) 第2回の設題で，XがYを主債務者，Zを保証人としてそれぞれを共同訴訟で提訴したところ，Y，Zが「主債務者はZ，Yは保証人である」と答弁したので，次回期日にXがその主張にそって請求の原因を変更したところ，Y，Zが一転してZは債務者ではない，Yは保証人ではない，として否認した場合。

設題Iへのアプロウチ

(1) 本件のような紛争において，甲は乙に「土地を明け渡せ」と請求するだけでは足りないか。逆に，「建物を収去せよ」との請求だけでは足りないか。

(2) 地上建物が甲の所有である場合は，どのような請求になるか。

(3) 建物収去土地明渡しの強制執行は，どのように行われるか。

(4) 建物収去土地明渡請求に，明渡しまでの地代相当額の損害金の請求が付加されている場合に，この訴訟の訴訟物は何か。
　本件紛争において，土地所有権に基づく明渡請求は，訴訟物になっているか。

(5) かりに，乙の建物買取請求権が認められる場合，どのような判決主文になるか（買取額は500万円とする）。

設題11　攻撃防御方法の提出についての規律

(6) 攻撃防御方法の提出時期について，現行法はどのような考え方をとっているか。

(7) 民事訴訟法174条が準用する同法167条の「理由説明要求」は，なぜ認められるのか。

(8) 審理計画が定められている場合には，定められていない場合とくらべて，どのような違いがあるか。

(9) 本設題で，乙が述べた理由によって却下される場合と却下されない場合があり得るか。
　あるとすれば，どのような理由であれば却下されず，どのような理由であれば却下されるか。具体的に述べよ。

(10) 乙が説明する理由が本当かどうか疑わしい場合，裁判所はその証拠の提出を求めることができるか。裁判所は職権で自ら調べることができるか。

(11) 建物買取請求権の行使については，少々時機に後れても却下すべきでないと考えられる理由として，どのようなことがあるか。

(12) 乙が建物買取請求権を行使しないまま敗訴し確定した場合，乙は請求異議の訴えを提起して無条件の収去土地明渡しを阻止することができるか（百選87事件）。もしできるとすれば，前訴の時点で却下することなく審理したほうがよいとは言えないか。

設題Ⅱについてのアプローチ準備

(1) 民事訴訟法2条の「公正」と「信義に従い誠実に」訴訟を追行することとは、どのような関係にあるか。

(2) 民事訴訟法2条が具体的に発現していると考える規定を5つ挙げてみよ。

(3) つぎの考えについて、意見を述べよ。
① 「民事裁判の手続は、民事訴訟法、同規則によって厳格に規律されており、当事者は法規の規律どおりに訴訟を追行し、裁判所も法規に則して手続を進めればよいのであるから、信義則などの一般条項がはたらく余地はない。」

② 「何が信義に合致し、何をもって誠実というかは、時代により、地域により、また人によってさまざまであるから、裁判官の裁量にゆだねられる『信義誠実』に頼るのはおかしい。」

(4) 訴訟行為が権利の濫用として不適法とされる場合を挙げよ。

(5) 判例上、訴権の濫用として訴えが不適法却下された場合は、いかなる場合か（最判昭和63年1月26日・百選43事件、東京地判平成12年5月30日判時1719号40頁）。

設題 11　攻撃防御方法の提出についての規律

設題Ⅱ小問(1)へのアプローチ

(1)　期日の変更は，どのような場合に認められるか。

(2)　設題Ⅱ小問(1)で，Xはどのような申出をすることができるか。

(3)　設題Ⅱ小問(1)で，Yの擬制自白は成立するか。

(4)　民事訴訟法157条と同法244条とは，どのような関係にあるか。

(5)　審理計画が定められている場合はどうか。

(6)　つぎの考え方を論評しなさい。
　　「Yが提出期間も守らず期日に欠席した場合は，Yの具体的主張がないまま手続を進めて判決をすれば足りるので，とくに制裁を課す必要もない。」

設題Ⅱ小問(2)へのアプローチ

(1)　つぎの考え方を論評しなさい。
　　「違法に収集された証拠といえども，真実を語っているものであれば，真実発見のために証拠として使うべきである。証拠能力に制限をかけるのは，自由心証主義にも反する。」

【設題の趣旨】

(2) 小問(2)の「建設作業労務安全管理規則」は、証拠として採用すべきか。採用すべきでないとする立場は、その理由を述べよ。

(3) 証拠の違法収集については、それ自体に損害賠償や刑事上の制裁を課せばよいので、証拠として使えるかどうかは別に考えればよい、と言えるか。

【設題Ⅱ小問(3)へのアプロウチ】

(1) 主張の変更、撤回は自由であるとすれば、小問(3)のY、Zの対応も許される、と言えないか。

(2) Y、Zの主張にのって自己の主張（請求原因）を軽々に変えてしまったXに問題があるとは言えないか。

(3) Y、Zは、Xの請求原因事実を否認したにすぎないので、格別問題にするまでもない、と言えないか。

【設題の趣旨】
　攻撃防御方法の提出が時機に後れたものとして却下されるのは、どのような場合であり、それは、なぜなのか。設題Ⅰは主張、立証の時機を問う。時機に後れた場合、相手方当事者が理由の説明を求めることができるのは、なぜか。理由の説明いかんによって却下されたり、されない場合があるとして、それは、民事訴訟法157条の却下の要件とどのように関連するのか。

設題11　攻撃防御方法の提出についての規律

　また，現行法に導入された計画審理の理念によって，時機に後れたものとして却下される場合は増大するか，しないのか。

　なお，設題Ⅰ小問(2)については，土地賃借人が，資本投下したものの回収をはかる借地法上の建物買取請求権の特性が考慮されることになるが，これが提出時機の考慮にどのように影響するのか。

　設題Ⅱは，不誠実な訴訟活動についての考え方を問うものである。

設題12　弁論主義と釈明権

設題 I

　裁判所が次のような認定をなすことは適法か。

(1) 賃金返還請求事件で被告が弁済したと主張したのに対し，原告否認。裁判所が原告の主張がないのに，被告の主張する金員が原告に支払われているが，それは，原・被告間の別口債務の弁済に充てられたと認定すること。

(2) 当事者が主張していないのに，裁判所が過失相殺を認定すること。

(3) 原告が注射器の消毒が不完全であったことを過失として主張したのに対し，裁判所が注射液が不良であったのかまたは注射器の消毒が不完全であったのかいずれかの過失があったと認定すること。

(4) 原告が本人が契約を締結したと主張したのに対し，裁判所が代理人によって契約が締結されたと認定すること。

(5) 甲の乙に対するある不動産の所有権確認訴訟において，甲は，丙から不動産を買い受けた（購入資金は，甲の父Aが提供）と主張したのに対し，乙は否認。裁判所が，不動産はいったんAが自分の資金で丙から買い取ったものをAから甲に生前贈与されたものであるとして，甲の所有権取得を認定すること。

設題 II

　上記Iの各例で，裁判所の釈明はいかにあるべきか。それは，弁論・審理のあり方とどのように関係するか。

アプロウチ準備

(1) 弁論主義の3つのテーゼを述べよ。

(2) つぎの記述は正しいか。

設題12 弁論主義と釈明権

「弁論主義の対立概念は，職権探知主義である。職権探知主義では，訴訟資料の収集は，もっぱら裁判所にゆだねられる。」

(3) 民事訴訟において弁論主義がとられる根拠を説明せよ。

(4) 弁論主義は，真実発見のための合目的的な手段にすぎない，という考え方を論評せよ。

(5) 「不意打ち防止」の要請は，弁論主義の根拠か，それとも弁論主義からもたらされる帰結か。

(6) つぎの考え方について，意見を述べよ。
　「私的自治ではどうにもならないから裁判に持ち込まれるのであるから，弁論主義が私的自治の原則の訴訟上の反映である，というだけでは説明できない。」

(7) 弁論主義と釈明権とは，どのような関係にあるか。両者は，矛盾対立するか。

(8) 過失相殺とは何か。

(9) 不動産の所有権確認訴訟において，原告は前主の取得原因を主張する必要はないか。

(10)　積極否認と抗弁はどう区別されるか。

(11)　釈明とは何か。釈明は当事者が行うか，裁判所が行うか。

設題Ⅰ小問(1)へのアプロウチ

(1)　貸金返還訴訟において，被告が弁済の抗弁を提出する場合，被告はいかなる事実を主張しなければならないか。

(2)　「給付が当該債務の履行としてなされたかどうか」は，被告の抗弁事実か原告の再抗弁事実か。

(3)　最判昭和46年6月29日（判時636号50頁）は，どのような考え方に立っているか。

(4)　審理の過程における裁判所の対応はいかにあるべきか。

設題Ⅰ小問(2)へのアプロウチ

(1)　過失相殺につき，被害者の過失が証拠資料にあらわれていれば，当事者の主張がなくても過失相殺を斟酌できる，とするのが判例である。
　　　この判例理論は，実務一般の取扱いであるといえるか。

(2) 過失相殺を構成する具体的事実の主張は，まったく不要であるとしてよいか。

(3) 証拠と主張との関係は，どのように考えればよいか。

設題Ⅰ小問(3)へのアプロウチ

(1) 最判昭和 32 年 5 月 10 日（百選 68 事件）は，小問(3)についてどのような考え方に立っているか。

(2) 「過失」は，主要事実か，法的評価か。

(3) 本小問(3)については，何を主要事実ととらえるべきか。
    その事実については，どのような主張責任の分配が行われるべきか。
    立証責任については，どうか。

設題Ⅰ小問(4)へのアプロウチ

(1) 契約が本人によってなされたか，代理人によってなされたかは，契約の成否についての重要な事実とは言えないか。

(2) なぜ判例，実務では，弁論主義に反しないとの帰結が多くみられるとおもうか。

設題Ⅰ小問(5)へのアプロウチ

(1) 小問(5)について，参考となる裁判例はあるか。

(2) 小問(5)が，弁論主義に反しないとの立場から議論を展開してみよ。
それに対する反論も述べてみよ。

設題Ⅱへのアプロウチ

(1) 設題Ⅰの小問の中で，弁論主義に反しないと解する場合があるとして，裁判所の審理の過程における対応のあり方はいかにあるべきか。

(2) 弁論準備手続などにおいて十分に弁論が尽くされれば，「釈明」はとくに問題にならないといえないか。

設題12　弁論主義と釈明権

> **設題の趣旨**
>
> (1)〜(5)は，いずれも当事者の主張と裁判所の認定とのズレが許されるかどうかを問うもの。弁論主義の根拠との関係で「当事者の主張がなければならない」との意味を実質的に，また具体的に検証することを求めている。各ケースにおける当事者の主張の意味を見極め，間接事実や証拠との関係も考慮しながら，一定の方向づけを試みられたい。
>
> IIは，裁判所が手続の各場面でどのような「当事者間のかかわり」，「当事者と裁判官とのかかわり」を実現すればよいのか。
>
> 「釈明」というよりも，弁論・審理のあり方を考えてほしいという趣旨である。

設題 13　自白の撤回

　　Xは，Yを相手どって，パソコン5台を売り渡したのに代金を支払ってないとして，その支払いを求めた。Yは，答弁書および準備書面でパソコンの引渡しを受けたことは認めたが，Xの売買を基礎づける事実の主張には，一応争う姿勢をみせるとともに，仮に買い受けたとしてもその後のYからXへの液晶テレビの交付によって，既に債務は代物弁済によって消滅していると主張した。裁判官は，弁論準備期日としての第3回期日において，Yに対し，代物弁済について本格的な審理に入るには，売買についてはXの主張を認めたほうがよいと示唆し，Yはこれに従った。
　　代物弁済の主張に対し，Xは，テレビはYから，謝礼としてもらったのだと争い，証拠調べの結果，代物弁済の契約の成立までは認められないという状況になった。

(1)　第5回期日になって，Yは売買の成立原因事実を認めた従前の主張を撤回して，本件のパソコンは，XからZに売買されたのであって，Yは，Zの代理人として一時的にXから引渡しを受けたにすぎない，と主張した。Yの従前の主張の撤回および新主張についてはどのように取り扱われるか。

(2)　Yは，「Yがパソコン5台をZに売る契約をしていた」とのXの主張を認めていたが，第5回期日にこの主張も撤回すると主張した。この主張の撤回については，どのように取り扱われるか。

アプロウチ準備

(1)　自白とは何か。簡潔にその意味を説明せよ。

(2)　「自白は，意思と意思との合致である」という考え方を論評しなさい。

設題13　自白の撤回

(3)　弁論主義と自白との関係を述べなさい。

(4)　自白の拘束力は，自白者が自白事実を撤回できないという面（当事者に対する拘束力）と，自白した事実に反する認定ができないという面（裁判所に対する拘束力）との二面があると言われている。この両面の拘束力は，それぞれどのような関係にあるか。

(5)　間接事実とは何か。
　　間接事実について自白の拘束力はない，という立場に立って，その理由を整理して述べよ。

(6)　間接事実についても，自白の拘束力があるという立場に立って，その理由を整理して述べよ。

(7)　自白の撤回が自由にできないのは，なぜか。

(8)　弁論準備手続とは，どのような手続か。

(9)　代物弁済とは何か。

小問(1)へのアプローチ

(1) 「真実に反する事実は，裁判の基礎とされるべきではないので，『自白した当事者は，その事実が真実に反する』と主張すれば，自白の撤回は認められるべきである」という考え方を評論しなさい。

(2) 自白の撤回は，契約の場面での意思表示の撤回と同様の性質の問題であるから，私法法理としての「錯誤による無効」と同じ考え方が妥当とすべきであるという考え方の問題点を指摘しなさい。

(3) 判例・通説が撤回の要件としている「反真実プラス錯誤」をどのように評価すべきか。

(4) 真実かどうかは証明の問題であるのに，なぜ主張の撤回の場面で真実かどうかを問題にしなければならないのか。

(5) 「反真実」の撤回要件は，実務上はどのように機能するか。

(6) 早期の争点整理のために弁論準備手続が行われて，そこで裁判官の主導で「この事実は争わない」とされたことは，自白というよりも「とりあえずは争わない」という一時的な留保であるから，厳密な撤回要件をあてはめるべきではないと言えないか。

(7) 審理計画が立てられた場合は，その点は争点にしないという意思を表明し

設題13 自白の撤回

たとみられ，その合意を覆すには固有の要件が必要であるので，もはやこれまでの自白の撤回要件が機能する余地はない，という考え方は妥当か。

(8) Yの主張の撤回および新主張は，時機に後れた攻撃防御方法として却下される余地はないか。

(9) 小問(1)についての考え方を整理して，3分程度（700字程度）で述べてみよ。

小問(2)へのアプロウチ

(1) 間接事実について自白の拘束力を認めれば，自由心証主義に反する，という考え方を批判的に論評してみよ。

(2) 間接事実の自白は，裁判官に対する拘束力はないが，当事者間の拘束力はある，という考え方は妥当か。

(3) 最判昭和41年9月22日（百選62事件）の事案および判旨を説明しなさい。
この事案の場合は，撤回されたのは法的評価（契約の解釈）の部分であるから，間接事実の自白の効力を問題にする必要はない，と言えないか。

(4) 小問(2)についての考え方を，整理して3分程度（700字程度）で述べてみよ。

> **設題の趣旨**
>
> 　本問は，被告が当初は売買の成立を争いつつ，予備的に代物弁済の抗弁を提出していたところ，裁判所の争点整理の過程で，代物弁済の成否に争点を絞り込むために，いったんは売買の成立を認めた。しかし，その後の訴訟の展開の中で，再び売買の成立そのものを争いたいとして，撤回を求めたのである。早期の争点整理に伴いがちな問題を設定して，自白の撤回要件を出発点に立ち返ってみる，これが本問の趣旨である。
>
> 　小問(2)は，間接事実についての自白の撤回である。
>
> 　なお，本問を通じて，訴訟法はある事実を認めるか，認めないかの二律背反的なコミュニケーションの方法しか用意していないが，実際にはその中間に多様なニュアンスの対応があり得ることまで気がつけば（たとえば，「保留」，「先送り」，「とりあえず」の認める，争う〔可能性を後日に残した〕等々），思考はさらに拡がりと厚みを増し，手続法に日常性を回復させるきっかけにもなるであろう。

設題 14　立 証 責 任

設題 I

Xは，自己所有の建物を同棲していた女性Y_1に仮装売却し（Xの主張），所有権移転登記がなされた。Y_1は，この建物を知り合いの男性Y_2に売却し，所有権移転登記がなされた。Xは，Y_1Y_2を被告として，XY_1間の売買は虚偽表示であり無効であると主張して，所有権移転登記の抹消請求をした。

(1) 虚偽表示における第三者の善意・悪意の立証責任は，XにあるかY_2にあるか。

(2) Y_1Y_2が本件建物を取り壊したため，引渡し等が履行不能になったとして，XがY_1Y_2に債務不履行に基づく損害賠償請求の訴えを提起した場合のY_1Y_2の「帰責事由」の立証責任は，いずれにあるか。

(3) 提訴後，Y_1がY_2に建物を売却した際の契約書およびY_1Y_2間の合意確認書をXから見せてほしいと言われたので，Y_1Y_2が渡したところ，Xはそれを返還しないばかりか，紛失したとして返さない。この経緯は，虚偽表示におけるY_2の善意・悪意をめぐる立証負担および認定にどのような影響・効果を及ぼすか。

設題 II

河川の流域に居住する住民A_1らがその上流で操業する化学プラント工場を有するB社に対して，同工場が水銀化合物を含む廃液を川に放出した結果，汚染された魚類を摂食したために水俣病に罹患したとして損害賠償を求める訴えを提起した。Bは，疾患の原因は，水銀でなく農薬であると争い，汚染経路についても争った。

A_1らは，①被害疾患の特性とその原因物質が水銀であること，②原因物質が化学プラント工場流域からA_1らに到達する経路，を立証した。A_1らは，さらにBのプラント工場で水銀が生成されており，それが河川に排出されるまでのメカニズムをも立証しなければならないか。

アプローチ準備

(1) 証明責任は，一般にどのように定義されているか。

(2) 結果責任としての証明責任と，主観的証明責任ないし証拠提出責任とは，どう区別されるか。

(3) かつては，「立証責任」というコトバが使われたが，現在は「証明責任」というコトバが主流となっているのはなぜか。

(4) 真否不明（ノンリケット）の場合の判決の仕方として，どのようなものが考えられるか（参考：竜嵜喜助『証明責任論』）。

(5) 裁判の史上，最も長期間行われたものは，神判，くがたちである。
　　その理由を推測せよ。（参考：R・バートレット［竜嵜喜助訳］『中世の神判——火審，水審，決闘』）

(6) 決闘裁判は，ヨーロッパでは近代まで制度として存在した。
　　それは，どのようなものであったか。
　　なぜ，使われなくなり廃止されたか。

(7) わが国でも，明治中期までは，立証責任（証明責任）の法理などはないままに，裁判が行われ，判決がなされている。
　　どのように手続を進め，判決をしていたと推測するか。

設題14 立証責任

(8) 法律要件分類説によれば，証明責任は，どのように分配されるか。

(9) 法律要件分類説に異を唱えて，さまざまなファクターの衡量により証明責任を分配すべしと説いた新説はどのような議論を展開したか。

(10) この議論について，どのように評価すべきか。

(11) 立証責任（証明責任）の分配原則を用いて認定・判断する例は，裁判の実際では少ない。なぜか。

(12) 主張責任と立証責任は，どのような関係にあるか。

(13) 法律上の推定とは何か。例を挙げて説明せよ。

(14) 事実上の推定とは何か。例を挙げて説明せよ。

(15) 一応の推定（表見証明）とは何か。
　　加害者（被告）が，車を歩道に乗り上げて歩行者（原告）を負傷させた例で，過失または因果関係について一応の推定が働くか。

(16) 間接反証とは何か。例を挙げて説明せよ。
　　間接反証の理論は，証明主題についての立証責任を転換させたものとは言えないか。

(17) 事案解明義務とは何か（参考：最判平成4年10月29日・百選75事件）。立証責任とどのように関係するか。

(18) 証明妨害とは何か。現行法は，証明妨害にどのような規律ないし制裁を科しているか。規定を挙げて説明せよ。
　　また，制裁を科す理由を述べよ。

(19) 模索的証明とは何か。それは，どの限度で認められるか（参考：東京高決昭和47年5月22日・百選81事件）。

(20) ある言辞または記事によって名誉が毀損されたとして提訴する場合，原告が名誉毀損該当性を主張・立証すれば，被告が公共性，公益性，真実性または相当性を主張立証しないかぎり，違法性または故意過失があるものとして，被告は敗訴を免れない（損害の立証責任は原告）とするのが名誉毀損訴訟における証明責任法理として採用されている。
　　一方，たとえば，アメリカ合衆国では，名誉毀損であると主張する原告側に真実性または相当性についての一応の立証負担（burden of proof）を課している。
　　なぜ，日米でこのような違いが生じるのか。
　　裁判の実際においては，どの程度の違いがあるとおもうか。

設題14　立証責任

(21) 債務者を審尋しないで発令される仮差押えの手続においても，債務の消滅事由（たとえば弁済の有無）についての立証責任は債務者にあるか。

(22) 因果関係を割合的に認定することは可能か（東京地判45年6月29日判時615号38頁）。割合的認定は，裁判官の心証に帰する問題か。

設題Ⅰ小問(1)へのアプローチ

(1) 設題Ⅰ小問(1)について，判例はどのような考え方に立っているか（最判昭和35年2月2日・百選72事件）。

(2) 学説では，虚偽表示による無効を主張する側（X）に立証責任があるとする考え方が有力であるが，それはいかなる理由に支えられているか。

(3) 法規の構造によって権利根拠規定と権利障害規定とを区別する立場から，小問(1)について機械的に立証責任を分配できるか。

(4) 第三者に善意について立証責任があるとする立場では，主張責任も第三者（Y_2）にあるとする趣旨であるか。

設題Ⅰ小問(2)へのアプローチ

(1) 設題Ⅰ小問(2)について民法415条の文言からは，法律要件分類説に立てば，どのような帰結になるか。

(2) 最判昭和34年9月17日民集13巻11号1412頁は，どのような事案につきどのような考え方に立つか。

(3) 法律要件分類説から，判例・通説の結論を支持するとすれば，どのような根拠づけが可能か。

(4) 不法行為による損害賠償責任請求の場合は，どうなるか。
債務不履行の場合と違うとすれば，それはなぜか。

設題Ⅰ小問(3)へのアプローチ

(1) 設題Ⅰ小問(3)の場合，虚偽表示による無効をめぐるXとY_1Y_2の主張活動，立証活動は，どのように規律されるか。

(2) 東京地判平成2年7月24日（百選74事件）の事案および判旨を説明し，これについて意見を述べよ。

設題 14　立証責任

設題Ⅱへのアプローチ

(1) 新潟地判昭和 46 年 9 月 29 日（下民集 22 巻 9・10 号別冊 1 号，判時 642 号 96 頁，判タ 267 号 9 頁）の判決文中の因果関係に関する部分を，自ら判例集または法律雑誌の原典にあたって精読せよ。

(2) 原因物質を生成，排出するメカニズムについて，被告 B 社側に立証責任を課したのは，いかなる理由，根拠に基づくか（環境法判例百選 17 事件の解説参照）。

(3) 設題Ⅱを間接反証の理論で説明してみよ。
　　それに対しては，どのような批判が可能か。

(4) 推認によって B 社が原因物質を生成，排出していた，と認定することには，どのような問題があるか。

(5) 「公害・環境問題における被害者（弱者）の立証責任を緩和，軽減するために，原因物質の生成・排出過程については原告側に立証責任を負わせるべきではない」という意見を評論せよ。

設題15　申立事項と判決事項

> 次の判決をすることはできるか。
> (1) 貸金返還請求訴訟において、口頭弁論終結後の弁済期の到来を条件にして被告に支払いを命じる判決。
> (2) AはBに対して、交通事故によって負傷したことによる損害賠償300万円を請求した。その内訳は、治療費100万円、慰謝料200万円であった。裁判所が、慰謝料は160万円、治療費は証人Mの証言から温泉治療費40万円を加算して、140万円が妥当であるとして判断して、総額として300万円の支払いをBに命ずる判決。
> (3) 建物を収去して土地を明け渡せとの請求に対し、原告が被告に金1000万円を支払うのと引換えに、被告は建物から退去して土地を明け渡せ、と命じる判決。

アプローチ準備

(1) 申立主義とは何か。弁論主義とどのような関係にあるか。

(2) 民事訴訟法246条の根拠理由を述べよ。

(3) 金銭請求について、その一部を認容する判決は、民事訴訟法246条に反しないか。なぜか。

(4) 条件付給付判決とは何か。引換給付判決とは何か。

(5) つぎの説明は正しいか。

設題15　申立事項と判決事項

「新訴訟物論に立てば，交通事故による損害賠償請求の訴訟物は，物損を含めて一個である。」

(6) 金銭の支払期限の主張責任は，債権者にあるか債務者にあるか。
消費貸借と売買とで同じか。

(7) 建物収去土地明渡しと建物退去土地明渡しとの違いを示せ。

小問(1)へのアプロウチ

(1) 実務では，小問(1)については，請求棄却の判決をする。なぜか。

(2) 履行期が3ヵ月後に到来するというときには，裁判の実際ではどうするか。

(3) 何時が履行期かについて当事者が弁論を尽くし，裁判所も証拠調べを含めて審理を尽くした場合でも，履行期に支払えとの判決はできないか。

(4) 履行期が未到来という理由で請求棄却判決を受けた原告が，同判決確定後に再訴した。既判力によって再訴は封じられないか。

(5) 期限未到来の場合に，債務の存在を確認する判決はできないか。

小問(2)へのアプローチ

(1) 損害の費目ごとに訴訟物が異るという考え方を論評しなさい。

(2) 最判昭和48年4月5日（百選83事件）の事案および判旨を説明せよ。

(3) 「証拠から主張をとることはできない」とされる実質的理由を述べよ。

(4) Aが当事者尋問でMと同内容の供述をした場合，主張がなされたとは言えないか。

(5) 主張と証拠との隔壁が流動化している例を挙げよ。

(6) 小問(2)について，請求総額の範囲内であれば300万円の認容判決はできる，という考え方を論評せよ。

小問(3)へのアプローチ

(1) 建物収去土地明渡請求は，どのような場合に提起されるか。

(2) 建物収去土地明渡訴訟の訴訟物は何か。

設題15　申立事項と判決事項

(3) 建物収去および土地明渡しの強制執行は、どのようになされるか。

(4) 建物収去の請求から建物退去の請求に変わるのは、どういう場合か。

(5) 建物買取請求権とは何か。

(6) 被告から建物買取請求権が行使された場合、原告が当初の請求を変更しなくても、裁判所は、小問(3)の引換給付判決ができるか。

(7) 原告（賃借人）が無条件の明渡請求を求めた場合に、立退料500万円と引き換えに明渡しを命じる判決ができるか（参考：百選84事件）。

(8) 原告が被告に対して抵当権設定登記の抹消を求めている訴訟で、原告が残債務1000万円を被告に支払うのと引き換えに、被告は抵当権を抹消せよ、との判決ができるか。
　原告が抵当権設定契約の無効・取消しを主張し、被告もそれのみを争っている場合は、どうか。

応用発展問題

(1) 貿易商を営むXは、宝石の卸元Yとの間で継続的な取引関係がある。Xは、現在のXY間の債務は300万円が残っているだけだと認識しているが、Yは1600万円あるとしてその返済を迫っている。

　　Xは、Yを相手どって、債務は300万円を超えては存在しない旨の確認の訴えを提起した。

　(ア) 債権の発生原因については、どちらが主張責任を負うか。立証責任についてはどうか。

　(イ) 裁判所は審理の結果、債務は700万円あるとの結論に達した。いかなる判決をすればよいか。

　(ウ) XY間の債務は300万円を越えては存在しないとの趣旨の判決が確定した場合、いかなる点に既判力が生じるか。Yからの300万円の支払請求に対し、Xは債務は50万円であると争うことができるか。

　(エ) Yが、Xに対して1600万円の支払いを求める反訴を提起した。これによってXの本訴は、審理判決をする必要性はなくならないか。

(2) 小問(2)において、AがBに対し、さしあたり治療費として100万円だけ請求する訴えを提起した。この分割請求は許されるか。

設題15　申立事項と判決事項

設題の趣旨

　3つの小問とも，申立主義と判決事項（246条）にかかわる。申立主義の根拠を探りながら，なぜこのような判決ができるか，あるいはできないかを筋道たてて論じてもらいたい。

　小問(1)，(2)，(3)は，それぞれ固有の論点をもつ。小問(1)は，将来給付の条件付き判決がどういう場合にできるかを問うものであり，将来給付の訴え（135条）についての理解と応用力があわせて問われる。

　小問(2)は，申立主義が問われる典型例の1つである。損害費目額を相互に流用することができるかが問われているが，訴訟物をどう見るかにかかわる。また，処分権主義と弁論主義との関係も問題になる。証言（証拠）から主張をとることができないのは，なぜか。

　実体法的には，不法行為における「損害」とは何か，「金銭をもって償う」とは，そもそもどういうことなのかの根本問題を内包している。

　小問(3)は，土地所有者が土地賃借人に明渡しを求める場合に，土地上の建物が原告のものになった場合に生じ得る。建物買取請求権が行使された場合などが，その典型である。一部認容として認められるか。

　建物が提訴前から原告の所有であった場合はどうか。

設題 16　訴えの取下げと和解の効果

　　Xは，自己の土地を駐車場として使用するという約束でYに賃貸した（期間五年）。ところが，Yは，駐車場の一角に100円ショップを建てはじめた。Xは，Yに建築を中止するよう申し入れたが，Yは，「賃借地の一角にこの程度の建物を建てることは，契約違反ではないし，契約当初から，この建物を建てることは予告していた」として，聞き入れない。

(1)　Xは，Yに対して，どのような裁判上の手続をとることができるか。

(2)　XがYを相手どって東京地方裁判所に訴えを提起したところ，訴訟外で話し合いが進み，「Yが建設した建物を改築して，半分はYの駐車場事務所兼仮眠室に，半分は向こう三年間Xの従業員のための社宅に提供する」ことで話がまとまった。
　　XY間で訴訟を終了させるには，どのような方法があるか。それぞれの方法は，効果として，どのような違いがあるか。

(3)　小問(2)の話合いが，第一審X勝訴後の控訴審で行われ，Xが訴えを取り下げた。Yが約束を履行しない場合，Xはどのような方法をとることができるか。

(4)　小問(2)の話合いが訴訟上の和解として行われ，和解が成立した。Yが和解条項を履行しない場合，Xはどのような方法をとることができるか。

小問(1)へのアプロウチ

(1)　Yが建物建築中である場合に，Xは緊急の暫定措置としてどのような方法をとることができるか。
　　Yが基礎工事をしている段階，屋根を施工し終った段階に分けて，何を求めるのが妥当かを論じなさい。

(2)　Xが訴訟を提起する場合，どのような請求の定立が考えられるか。

設題16　訴えの取下げと和解の効果

> **小問(2)へのアプローチ**

(1) 裁判外の和解と裁判上の和解との異同を述べよ。

(2) 小問(2)について和解条項を作成してみよ。

(3) 訴えの取下げと控訴の取下げは，どう違うか。

(4) 訴えを取り下げて裁判外の和解をすることと，訴訟上の和解をなすこととの異同を述べよ。

> **小問(3)へのアプローチ**

(1) 訴え取下げにつき，詐欺による取消しや錯誤による無効の主張はできるか。

(2) かりにできるとした場合，どのような手続をとればよいか。

(3) 終局判決後に訴えを取り下げた場合，再訴が禁止されるのは，なぜか。

(4) 期日指定の申立てをする場合と再訴を提起する場合とで，どう違うか。

(5) 小問(3)について，再訴は認められるか。

(6) 再訴をする場合，当事者が訴え取下げ前の訴訟資料を使う方法はあるか。

小問(4)へのアプロウチ

(1) 賃貸借関係の紛争が訴訟上の和解で終る確率はきわめて高い。
　　訴訟は判決を下すことが原則とされているのに，なぜ和解で終了するのか。

(2) わが国の和解手続の実務は，裁判官が当事者から交互に事情を聴く方式が一般にとられている。
　　なぜ対席方式は一般的ではないのか。交互方式の功罪を述べよ。

(3) つぎの考え方を論評しなさい。
　　「判決は，法による強制的解決であるが，和解は当事者の自律的合意による解決である。したがって，両者は，根本的に異なる。」

(4) 和解は，民事裁判実務では日常的に行われるにもかかわらず，なぜ民事訴訟法では和解に関する手続規律が少ないのか。

(5) つぎの意見を論評せよ。
　　「訴訟上の和解には既判力はないので，当事者が和解で決めたことを再びむし返して争うことは認められる。」

設題 16　訴えの取下げと和解の効果

(6)　訴訟上の和解の無効を主張することは，どのような場合に許されるか。

(7)　小問(4)でXが再訴する場合，どのような請求内容になるか。

(8)　和解の無効と再訴とは，どのような関係に立つか。

設題17　既判力（その１）——基準時と既判力作用

> 　　Xは，Yから建物を買い受けたとして，同建物の明渡しを求めたが，Yは，Xが主張するＸＹ間の売買は，Xが替りの建物を3年間無償でYに提供するとの約束を果たさないので無効であるとして応じない。
> 　　そこでXは，Yを相手どって所有権に基づく建物明渡訴訟を提起した。
> (1)　Yは，売買契約の解除および錯誤による無効を主張したが，認められず，Xが勝訴し確定した。
> 　　Yは，請求異議の訴えを提起し，売買契約はXがだましたものであるから取り消すと主張した。Yの主張は，異議事由になるか。
> (2)　Xの明渡訴訟が敗訴に終わったとして，XはYを相手どって所有権確認訴訟を提起した。裁判所はいかにすべきか。
> 　　Xが所有権確認訴訟で勝訴した後の明渡訴訟についてはどうか。

　　　　　　　小問(1)へのアプローチ

(1)　既判力には，なぜ基準時が必要なのか。

(2)　事実審の口頭弁論終結時前の事由を持ち出して再び争うことは許されない理由を説明せよ。

(3)　詐欺による取消権の主張は，取消権を行使した時に契約の取消しという実体法上の変動が生じるのであるから，基準時後の新事由であり，既判力によって遮断されない，とは言えないか。

(4)　最判昭和55年10月23日（百選86事件）の事案および判旨を整理して説明せよ。

(5) 前訴で「取消権を行使することができた」のに行使・主張しなかったのであるからもはや失権する（遮断される）という考え方を評論しなさい。

(6) 前出百選86事件において，前訴で，当事者が主張・立証した事実と後訴で取消権を主張した具体的事実とは，ほとんど同一，共通であるとは言えないか。

(7) 基準時前に行使できた相殺の抗弁を請求異議の事由とすることができるか。同じく形成権であるのに，相殺権と詐欺による取消権とではどう違うか。

(8) 小問(1)の場合，Yが前訴で主張した事実と後訴で主張した事実とは，具体的事実レベルでどの程度異なるか。

(9) 小問(1)につき，800字程度で論述せよ。

小問(2)へのアプローチ

(1) 判決主文中の判断に既判力が及ぶとされているのは，なぜか。

(2) 請求棄却判決における判決主文中の判断とは何か。

(3) 訴訟物について実体法説に立てば，訴訟物は「所有権に基づく明渡請求権」である以上，所有権の存否にも既判力が及ぶのではないか。

(4) XのYに対する所有権確認訴訟で勝訴した後の明渡訴訟では，Yは，Xに所有権があることを争うことはできないので，裁判所はただちに弁論を終結して請求認容判決をすることにはならないか。

(5) 上記(4)でXに所有権があることに既判力が及ぶということは，前訴判断が後訴裁判所を拘束することが中心なのか，それともYがXの所有権を争う攻撃防御方法を提出することができなくなることが中心なのか。既判力の作用とは，どういうものか。

(6) 所有権確認訴訟で敗訴したYが，前訴で主張しなかったYX間の買戻契約の存在を主張してXの所有権を争うことはできるか。

(7) 売買代金請求訴訟で敗訴して支払った被告が，売買代金は取引先が弁済していたことを主張して不当利得返還請求を提起した。本案審理がなされるべきか。

(8) 判決理由中の判断には，一切拘束力はないか。

(9) 争点効とは何か。どのような要件の下に争点効が認められるか。

(10) 小問(2)前段につき，既判力，争点効は及ばないが，信義則によりXの主張は排除される，という考え方について論評しなさい。

(11) 争点効，信義則による拘束力につき，すべて既判力の作用によって正当化し，説明するとすれば，どのような既判力の作用論を展開するか。

(12) 既判力作用にとって，「訴訟物」という概念はどのような役割を果たすか。

設題 18　既判力（その２）──判決効が及ぶ主体と手続保障

> Ｆは戸籍上Ｂ（父）・Ｃ（母）の子とされており，Ｆが成人になるまでＢＣの下で育てられたが，現在ＢＣは別居中である。Ｂの妹であるＡは，ＢおよびＦを相手どって嫡出父子関係が存在しない旨を求めて訴えを提起した。
> (1) Ａの請求を認容する判決が下され確定した後に，右訴訟の存在を知らず関与しなかったＣは，なお「ＦはＢの子である」旨を主張してＡ・Ｂらに対抗することができるか。
> (2) Ｃは，再審を求めるには，どのような方法によればよいか。

アプロウチ準備

(1) 父子関係不存在確認は適法か。

(2) 本件訴訟は確認訴訟か形成訴訟か。

(3) 2004年4月1日から施行されている「人事訴訟法」の概要を述べよ。

(4) 親子関係存否確認にも，人事訴訟法が適用されるか。

(5) 同法は，当事者および利害関係人の手続保障にどのような配慮をしているか。

(6) 判決の効力が第三者に及ぶ場合を5例挙げ，その理由を述べよ。

設題18　既判力（その２）——判決効が及ぶ主体と手続保障

(7)　対世効とは何か。その効力の中身は，既判力か，それとも形成力（形成の効果）か。

小問(1)へのアプロウチ

(1)　民事実体法研究者と民事手続法研究者の集りである私法学会のシンポジウムにおいて，つぎのようなやりとりがあった。
これについて意見を述べよ。
　　民法学者　「われわれは，訴訟法のほうで人事訴訟には判決効が対世的に及ぶと説かれるから，人事関係については画一的処理がなされるべきと言っているのであって，訴訟法の考え方に合わせているだけです。」
　　訴訟法学者　「われわれは，民法のほうで画一的処理が必要であると説かれるので，対世効と理論化しているだけで，民法に合わせているにすぎません。」

(2)　つぎの議論を受けて，あなたの考えを展開してください。あわせて，「手続保障」とは何かを考えよ。
　　甲氏　「判決効が当事者以外の関係人にも及ぶことは，人事関係の絶対的要請ですが，そのためには，利害関係人にできるだけの手続保障がなされることが望ましい。手続保障とは，そのような意味です。」
　　乙氏　「利害関係人に相応の手続保障がなされたからこそ，その者に判決効が及ぶことが正当化されるのであって，甲氏の議論は前提と結果を逆にしています。」

(3)　人事訴訟では，弁論主義が制限され，職権探知がとられ，事実調査の手続が充実しているので，第三者に判決効を及ぼしてよい，という議論の問題点

を指摘せよ。

(4) 父子関係確認訴訟では，母（C）をも被告とすべきであり，判決効の問題はそれで解消できる，という考え方を論評せよ。

(5) 母（C）に訴訟の存在を知らせて手続関与の機会を与えるには，どのような方法があるか。

(6) 通知，関与の機会の有無は，Cに判決効が及ぶかどうかに，どのように関係するか。

小問(2)へのアプロウチ

(1) 判決確定後，Cは，再審の訴えを提起するとともに補助参加を申し立てることができるか。

(2) 補助参加するには，訴訟が係属していなければならないが，訴訟が係属していると言えるか。

(3) 補助参加した場合，Cは当事者と抵触する主張ができるか。

設題18　既判力（その2）──判決効が及ぶ主体と手続保障

(4) Cに判決効が及ばないとする立場に立った場合，Cは補助参加申立て＝再審ができるか。

(5) Cは，第三者として，自ら原告となって再審の訴えを提起することができるか。

(6) 大阪高裁平成15年12月16日判決（判タ152号287頁）の事案および判旨を整理して，本設題のCの利害関係と対比して，再審の原告適格について論ぜよ。〔**別紙資料**参照〕

> **設題の趣旨**
>
> 本問の父子関係不存在確認の訴えが人事訴訟の一類型として認められることを前提にして，Fの母CにA─BF間の訴訟の判決の効力が及ぶかどうかを問う。
>
> この種の訴訟の判決効は広く第三者に及ぶとされているが，その判決効の性質はどのようなものか，仮に既判力だとすればその理由と根拠は何なのか，Cが訴訟の存在をまったく知らず手続関与の機会がなかった場合でも及ぶのかどうかを問うものである。とくに，Cにいかなる手続関与の機会と地位を与えるべきか。それが判決効とどのように関連するかがポイントである。「法律関係の画一的処理」といわれる要請がいかなる実質と意味をもつかを具体的に掘り下げて考え，手続のあり方にまで，議論が及べば必要にして十分である。
>
> 小問(2)は，現行法に対応策が施されている。
>
> ただし，Cに判決効が及ばないとする立場をとった場合，再審の訴えは許されないことになるだろうか。理論上の帰結だけで足りるかどうかが問題となる。

別紙資料

大阪高裁平成15年12月16日第10民事部決定・判タ1152号287頁

1 事案の概要

① 有限会社乙山は平成14年4月26日臨時社員総会において，甲野太郎を出資者とする第三者割当増資を行う旨の決議をしたとされ，その旨の議事録が作成されている。この増資により，甲野太郎は，資本総額の約78％を保有し，有限会社乙山の支配権を得ることになる。

② 有限会社乙山の社員である丙野次郎は，平成14年12月20日，有限会社乙山を被告として，本件決議の不存在確認請求訴訟を提起し，有限会社乙山代表者は，甲野太郎に訴訟を告知することも，受訴裁判所に答弁書を提出することもないまま口頭弁論期日を欠席し，受訴裁判所は直ちに口頭弁論を終結し，平成15年2月26日，丙野次郎の請求を全部認容し，本件決議が存在しないことを確認する本案判決を言い渡した。

③ 本案判決は，甲野太郎にも既判力を及ぼすから（有限会社法41条，商法252条，109条1項），これにより甲野太郎が出資引受権を有しないことが確定した。

④ 甲野太郎は，本案判決確定後の平成15年3月28日，本案判決の存在を知り，本案判決が詐害判決であって再審によって取り消されるべきであると主張し，本件再審の訴えを提起したが，原審裁判所は，本案判決には再審事由が認められないとして甲野太郎の再審請求を棄却する決定をした。甲野太郎はこれを不服として即時抗告をした。

2 裁判（決定）

　　抗告人（再審原告）　　　甲　野　太　郎
　　上記訴訟代理人弁護士
　　相　手　方（再審被告）　有限会社乙山
　　上記代表者代表取締役　　村　林　利　也
　　相　手　方（再審被告）　丙　野　次　郎

　　　主　　文

1　原決定を取り消す。
2　本案につき再審を開始する。
3　抗告費用は相手方らの負担とする。

設題 18　既判力（その2）——判決効が及ぶ主体と手続保障

理　由

第1　事案の概要

1　相手方丙野次郎（以下「相手方丙野」という。）は，平成14年12月20日，相手方有限会社乙山（以下「相手方会社」という。）を被告として，別紙記載の相手方会社の社員総会の決議（以下「本件決議」という。）が存在しないことの確認を求める本案訴訟を提起した。

2　本案の訴状は，平成15年1月22日，訴え提起当時の相手方会社の代表取締役丁山花子に宛て，その自宅に送達されたが，相手方会社は，平成15年2月19日の本案第1回口頭弁論期日に出頭しなかった。

3　本案の受訴裁判所は，上記第1回口頭弁論期日において直ちに口頭弁論を終結し，平成15年2月26日，相手方会社が請求原因事実を全部自白したものとみなし，相手方丙野の請求を全部容認し，本件決議が存在しないことを確認する判決（以下「本案判決」という。）を言い渡し，本案判決は，同年3月15日確定した。

4　本件決議により出資者とされた抗告人は，本案判決には民事訴訟法338条1項3号所定の再審事由があるとして再審の訴え（原審）を提起したが，原審裁判所は，本案判決には抗告人主張の再審事由が認められないとして，民事訴訟法345条2項に基づき，抗告人の再審請求を棄却する旨の決定をした。

そのため，抗告人は，原決定を不服として本件抗告をした。

第2　当裁判所の判断

1　抗告人の再審の訴えの当事者適格について

(1)　有限会社では資本総額が定款の絶対的記載事項であり，授権資本制度もないので，資本を増加させる場合には，定款変更に関する社員総会の特別決議が必要であり（有限会社法47条，48条），資本増加の際に第三者に出資引受権を授与する場合には，その社員総会においてその旨の決議が必要となる（有限会社法49条3号）。

すなわち，抗告人は，本件決議によって初めて相手方会社の出資引受権を取得したものであり，抗告人が1100万円の出資金を払い込んで相手方会社の社員権（出資持分）を取得する根拠も本件決議にある。

(2)　本件決議を無効又は不存在とする判決は，第三者に対しても効力を有するから（有限会社法41条　商法252条，109条1項），抗告人は，その判決が確定すれば，本件決議によって付与されたはずの出資引受権を有しないことになり，相手方会社の社員権（出資持分）も取得しなかったことになる。

すなわち，抗告人は，本案判決の既判力によって拘束され，かつ，本案判決によって直接的に自己の権利を害されるのであって，本案訴訟の当事者に準じる立場にあるということができる。

(3) したがって，本案訴訟が提起され，相手方会社において本件決議が有効に成立したことを積極的に主張しない場合，抗告人は，民事訴訟法47条1項所定の「訴訟の結果によって権利が害されることを主張する第三者」として，相手方丙野の本案請求の棄却を求めるとともに，相手方らとの関係で本件決議が有効であることの確認を求め，本案訴訟に独立当事者参加をすることができたはずであり，本案判決が確定した後は，独立当事者参加の方式により，その再審の訴えを提起する資格を有する者と解される。

そうすると，抗告人は本案判決の当事者ではないが，抗告人が提起した本件の再審の訴えは適法である。

2 再審事由及び再審期間について

(1) 民事訴訟法338条1項3号は，絶対的上告理由に関する同法312条2項4号と全く同一の事由を定めた規定である。

ところで，訴訟当事者が破産宣告を受けたため当該訴訟が中断し，その者が訴訟行為をすることができない状態であるのに，このことを看過して審理がされ終局判決が言い渡された場合には，その者が代理人によって適法に代理されなかった場合と同視することができるから，同法312条2項4号の趣旨により，その者の上告には理由があるとされる（最高裁判所昭和58年5月27日判決・判例時報1082号51頁）。

また，訴訟書類が被告以外の第三者に受領され，被告に送達されないまま当該訴訟の終局判決が言い渡され，これが確定した場合にも，当該被告が代理人によって適法に代理されなかった場合と同視できるから，当該終局判決には，同法338条1項3号に準じて再審事由があると解される。

(2) 抗告人は，上記1で述べたとおり，本案訴訟の当事者に準じる者であるから，独立当事者参加の方式によって本案訴訟に関与し，訴訟行為をする機会が保障されて然るべきである。

ところが，原審記録及び本案記録によれば，① 相手方丙野と丁山花子のいずれもが本件決議が存在しないことを確認する判決を望んでいた，② そのため，丁山花子は，相手方会社において本案請求を争わないことにし，訴訟代理人を選任したり自ら本案訴訟の法廷に出頭するなどして応訴しようとはしなかった，③ しかも，相手方らは，いずれも，敢えて，本件決議に最大の利害関係を持つ抗告人に本案訴訟の提起を知らせなかった，④ そのため，抗告人は，本案訴訟が係属していることにも気付かず，本案判決確定後の平成15年3月28日，別件訴訟（大津地方裁判所平成14年（ワ）第657号）において相手方会社から本案判決の正本が証拠として提出されるに至って始めて，本案判決の存在を知った，との事実経過が明らかである。

(3) そうすると，<u>抗告人は，終局判決の既判力によって自己の権利を制限しようとする本案判決が提起されたのに，これに関与して訴訟行為を行う機会を奪われたのであって，この</u>

事態は，訴訟当事者が代理人によって適法に代理されなかった場合と同視できる。

したがって，本案判決には，民事訴訟法338条1項3号に準じる再審事由があるというべきである（もとより，本件決議が有効に存在しているかどうかは，再審事由の有無とは別問題であり，再審事由があっても，本件決議が実体法に照らして不存在であれば，民事訴訟法348条2項により，改めて再審請求棄却「判決」がされることになる。）。

そして，本件再審の訴えは，民事訴訟法342条1項所定の再審期間内に提起された適法な訴えであるといわなければならない。

(4) なお，大正15年法律第61号による改正前の旧民事訴訟法（明治23年法律第29号）は，その483条に，詐害判決に対する再審の訴えを認める旨の明文の規定を置いていたが，上記改正によって当該規定が削除され，現行の民事訴訟法（平成8年法律第109号）も上記改正後の旧民事訴訟法を踏襲し，詐害判決に対する再審の訴えを一般的に許容する旨の規定を置いていない。そして，再審の訴えは，確定判決に対する例外的・補充的な救済方法であるから，一般論としては，再審事由を定めた規定の適用範囲を解釈によって拡張することは相当ではない。

しかしながら，大正15年の上記改正は，他人間訴訟の確定判決によって権利を害された者があり，その者が当該訴訟に関与する機会が不当に奪われた場合，その者の救済が一切必要ではなく，かつ，そのような救済を可能にすることが好ましくないとの判断に基づいて行われたわけではない（立法者は，その者は民法424条又は旧民事訴訟法71条―現行の民事訴訟法47条―によって救済されるとの考えに立っていたため，詐害判決に対する再審の訴えの規定は敢えて必要がないと考えたものとされている。鈴木正裕「判決の反射的効果」判例タイムズ261号11頁参照）。

しかも，再審制度は，たとえ法的安定を害することになっても，正義に反する確定判決を取り消すための救済手段が必要であるとの理念に基づいて設けられた制度であり，このような再審制度の趣旨に立ち帰れば，他人間訴訟の詐害判決について再審を認める旨の明示的な文言を使用した規定がないとの一事から，民事訴訟法338条1項3号に関する極めて厳格な文言解釈に拘泥し，確定した詐害判決に対する救済を拒否すべきとの解釈論をとることは相当ではない。

したがって，既判力によって訴訟当事者以外の第三者の具体的な権利を制限する確定判決があり，訴訟当事者が当該第三者の存在を知りながら敢えてその者に訴訟の存在を知らせなかったという本件のような場合には，当該確定判決に民事訴訟法338条1項3号の再審事由があるとの解釈をしても差支えがないものと思料される。

3 結論

以上の次第で，本件抗告は理由があり，原決定は民事訴訟法338条1項3号の解釈適用を誤ったものとして取消しを免れないから，主文のとおり決定する。

（裁判長裁判官・下方元子，裁判官・橋詰　均，裁判官・高橋善久）

別紙　社員総会決議の表示

相手方会社の平成14年4月26日開催の臨時社員総会における下記のとおりの決議。

記

1　相手方会社の資本金300万円を1100万円増資し，資本金を1400万円とし，このため相手方会社の出資口数60口を220口増加する。

2　増加する出資口数220口（引受金額1100万円）は，抗告人が引き受けるものとする。

3　相手方会社の定款第4条中「当会社の資本の総額は金3,000,000円とする」とあるのを「当会社の資本の総額は金14,000,000円とする」に変更する。

4　相手方会社の定款第6条を次ぎのとおり改める。

「第6条　社員の氏名及び住所並びに出資口数は次のとおりとする。

　　220口　甲野太郎
　　 20口　丁山花子
　　 20口　《氏名略》
　　 10口　丙野次郎
　　 10口　《氏名略》」

設題19　共同訴訟と訴訟参加

　C運送会社の大型トラックが横浜市内を走行中，タイヤがはずれて歩行中のAを死亡させた。同トラックは，B自動車会社が製造・販売したものである。同トラックは，金沢市内でも同様の事故を起こしていたことが報じられていたので（運送業者J，被害者K），C社はJと連絡をとりあって，B社に，トラックの車輪周辺部品に欠陥があるのではないかとかけあったが，B社は，事故は，車輪の整備不良が原因であり，部品に欠陥はないと回答した。B社は，国土交通省にも同様の報告をしていた。

　一方，国土交通省にはC社は，自動車事故報告書の中で，事故は整備不良ではなく，トラックの車輪周辺部品に欠陥があることを具体的に指摘していた。同様の報告書は，Jほか複数の運送業者からも国土交通省に届けられていた。しかし，国土交通省は，B社の報告を信じ，部品欠陥の対策はとってこなかった。

　その後，B社の内部告発で，B社担当者は部品に欠陥があるとの認識を有していたが，製造担当部長兼取締役Eの指示で，部品の欠陥を隠していた疑いが生じた。

　Aの相続人をA_1（長女），A_2（次女），C社の整備担当責任者をP，部品下請メーカーをR，トラックの運転手をN，C社の自動車保険会社をQ，B社の株主をH_1らとして，次の各問に答えよ。

(1) A_1らは，誰を相手方として訴訟をすればよいか。その際，どのような要因を考慮すべきか。

(2) $A_1 A_2$は，CBを被告に損害賠償を求める訴えを提訴した。
　Bは，整備不良が原因であると主張して，Eを証人に申請した。Bのこの主張およびEの証言は，$A_1 A_2$—C間の訴訟（請求）の資料になるか。

(3) A_1だけが原告として提訴した。CBは，A_2が原告に加わらない本件訴訟は，紛争を後に残すので，不適法であり，却下されるべきであると主張した。被告らの本案前の抗弁に対し，いかに対応すべきか。

(4) H_1らは，B社の問題につき，みずから原告として提訴する方法がある

(5) A_1A_2のBCに対する損害賠償請求訴訟の弁論準備手続に，E，P，R，N，Q，H_1ら，J，K，国（担当者）が傍聴を申し出た場合，拒否することができるか。

(6) これらの者は，A_1A_2―BCの訴訟に参加することができるか。できる場合に，どのような方法によればよいか。

設題へのアプローチ

(1) 本件で国を（も）被告とするのは妥当か。

(2) A_1らは，Bをも被告とするかどうかにつき，どのようなファクターを考慮して決断すればよいか。

(3) Bだけを被告とするという選択は賢明か。

(4) P，R，N，Qを被告とすることはどうか。

(5) 共同訴訟人独立の原則の根拠を示せ。

(6) 共同訴訟人間で証拠は共通か。
その理由は？

(7) 共同訴訟人間で，主張は共通か。

(8) 全員が原告にならなければならないとされる場合は，どのような場合か。

(9) 小問(3)に答えよ。

(10) 株主が取締役の責任を追及する代表訴訟を行うための要件を挙げよ。

(11) 一部の株主が提起している訴訟の原告側に他の株主が参加するには，どのような方法があるか。

(12) 株主代表訴訟の給付の名宛人は誰か。

(13) 株主代表訴訟の被告側に会社が補助参加できるか。

(14) 弁論準備手続においてRが傍聴を申し出たので，裁判官がA_1ら代理人，B代理人，C代理人に意見を求めたところ，A_1ら代理人は反対しなかったが，B，Cの代理人は反対した。
裁判所はいかにすべきか。
当事者が全員反対した場合，Rの傍聴は認められないか。

(15) 本設題に基づいて，裁判が公開される理由を，「関係者（第三者）と当事者との関係づけ」の観点から説明せよ。

(16) 補助参加は，当事者に異議がなければすべて認められるか。

(17) EはA₁A₂—B間の訴訟ではB側に，A₁A₂—C間の訴訟ではA₁A₂側に補助参加できるか。
　　Bの代理人弁護士がEの代理人を受任した場合，どのような問題があるか。

(18) R，Pの補助参加の利益について具体的に理由を述べて結論を示せ。

(19) 東京高裁平成2年1月16日決定（百選106事件）の事案および判旨を説明せよ。
　　また，本件についての高橋宏志『重点講義民事訴訟法（下）』320頁以下の所見を読んであなたの意見を述べなさい。

(20) 国が賠償義務がないことを確認する請求を立てて，独立当事者参加をすることが認められるか。
　　Eはどうか。

設題20　独立当事者参加と訴訟承継

　XはYに対し，家屋の所有権を主張して，Y名義の所有権登記の抹消および家屋明渡しを求める訴えを提起した。

　第7回口頭弁論期日に，YはZに家屋を賃貸し，Zが家屋に移住していることが判明した。

(1)　Zが，XY間の訴訟に参加するには，どのような方法によればよいか。

(2)　Xが，Zを訴訟に引き込むことができるか。

(3)　Zが加入した後，Yは，明渡請求につき訴訟から脱退をした。
　その後の審理および判決はどうなるか。

(4)　Xの請求原因が，XY間の売買であるとして，訴訟中Yは家屋をZに譲渡したとする。X，Zともに所有権移転登記を経ていないとして，Zは，XY間の訴訟に独立当事者参加を申し立てた。Zの参加は認められるか。

(5)　同一物の所有権をめぐるA（原告），B（被告），C（独立当事者参加人）間の訴訟において，AB間A敗訴，CA間C勝訴，CB間C勝訴の第一審判決に対し，Bのみが控訴した。
　控訴審が所有権はCにではなくAにあると判断する場合は，いかなる判決をすべきか。

(6)　小問(1)で，Zが第8回口頭弁論期日に参加承継をしてきた場合に，Zは，それまでYが主張していない「XY間の売買は通謀虚偽表示によるものであり，無効である。」という主張を提出した。
　裁判所は，このZの主張につき，XおよびYに認否・反論を求めるべきか。

小問(1)へのアプローチ

(1)　賃借人Zは，XY間の明渡訴訟の承継人と言えるか。

(2) Zは，XY双方に賃借権確認請求を定立して独立当事者参加することができるか。

(3) 権利主張参加と詐害防止参加とは，どのような関係にあるか。

(4) 独立当事者参加（申立）人は，現在の法廷の構造下で，どこに席を占めればよいか。どのような工夫が考えられるか。

小問(2)へのアプロウチ

(1) Xが，Zに訴訟引受けの申立てをする場合，Zに関する請求は誰がどのように立てるか。

(2) Zは権利承継人か，義務承継人か。

(3) Zに対する訴訟引受けを認める決定がなされた場合，XY訴訟とXZ訴訟とは合一確定の要請が働くか。

(4) YZ間の賃貸が，訴訟提起前になされていた場合はどうか。

設題 20　独立当事者参加と訴訟承継

【小問(3)へのアプローチ】

(1) 訴訟脱退とは，どのような性質の訴訟行為で，どのような効果が及ぶか。

(2) Yに対する請求について，判決がなされるか。

(3) 脱退したYに判決効が及ぶとして，いかなる判決効が及ぶか（高橋宏志『重点講義民事訴訟法(下)』401頁以下参照）。

【小問(4)へのアプローチ】

(1) 二重譲渡による所有権移転登記請求訴訟において，譲受人は独立当事者参加できるか。最判平成6年9月27日（百選109事件）の判旨に，理由を付して賛否を述べよ。

(2) 独立当事者参加を肯定する見解（後掲**別紙資料**1）および否定する見解（同2）を読んで，あなたの考えをまとめてみよ。

【小問(5)へのアプローチ】

(1) 独立当事者参加において敗訴した二当事者のうち一者のみが控訴した場合，控訴しなかった敗訴者の請求部分は，控訴審の審判の対象となるか。

(2) 審判の対象となるとする場合，控訴しなかった敗訴者の請求については，誰が不服を唱えたことになるか。

(3) Ｂのみの控訴により，ＣＢ認容判決を請求棄却に，ＡＢ請求棄却判決を認容にまで変更する必要はない，という考え方を論評しなさい。

(4) 最判昭和48年7月20日（百選110事件）の事案および判旨を説明し，その理論上の根拠を述べよ。

(5) 上訴しない敗訴者は，上訴人になるのか，被上訴人になるのか。

小問(6)へのアプロウチ

(1) 訴訟承継人が前主（被承継人）の訴訟状態を承継するのは，なぜか。

(2) Ｙが不十分な主張・立証しかしていない場合でも，Ｚは，Ｙの訴訟上の地位を承継して，自己の立場からの主張が制限されるべきか。詐害防止参加の場合，権利主張参加の場合を対比して，結論を示せ。

(3) 小問(6)につき，500字程度で考えをまとめてみよ。

設題20　独立当事者参加と訴訟承継

別紙資料1

井上治典『民事手続の実践と理論』238―240頁（判時1531号）

　多数の学説およびかなりの裁判例が，二重譲渡のケースで独立当事者参加を認めてきたのは，それなりに実践感覚に裏づけられたものであり，十分な理由があると考えるものである。それでは，その実質的理由は何か。これまでの学説は，結論として認められると説くのみであるが，筆者はその理由はつぎの諸点に求められると考える。

　第一に，売主（被告）の単一不動産に対して二人の買主が競合して登記手続請求を求める紛争は，社会的実体としては一つの物に対していずれがそれを自己の支配下に置くことができるかをめぐる紛争であり，最終的にはいずれもが所有者として所有権移転登記を受けるということはあり得ない。訴訟および参加申出は，そのような紛争プロセスの一環として使われているのである。そこで，そのような紛争プロセスの中で他の買主が自己への移転登記を求めてその訴訟に介入して，本訴当事者間の訴訟活動を牽制しつつ自己の立場から主張・立証を行うということは，たとえ結果的に原告の請求，参加人の請求ともに認められることになったとしても，訴訟から出た後の同一物をめぐる原告・参加人間の紛争行動に一里塚を築くものであり，それなりに意味があるのである。独立当事者参加の訴訟自体で三者間の紛争を抜本的に一挙に解決することにはならなくても，その訴訟の役割は果たされている。独立当事者参加は，三者間の紛争を自己完結的に一挙に解決しなければならないという前提・通念そのものが疑問なのであり，現実に訴訟が果たしている，あるいは果たすべき機能からすれば，過度の機能を背負わされている，とみられるのである。訴訟は――独立当事者参加にあっても――訴訟から出た後に当事者間に対等な関係をつくり出すことでその役目は尽くされているのである。71条参加が申し立てられ，それを認めてきたのが通説・有力な実務であるという現実は，そのような平凡なことが肌身で感じとられ，実践されてきただけのことなのである。

　第二に，参加申出人としては，参加の時点では，原告被告間の訴訟の展開について確たる見通しも立たず，本訴原告としても，参加人の主張・立証によって訴訟がどのように展開していくのか読みにくいというのが実際であろう。これから先が見えにくい混沌とした中で手探りで一歩一歩手続を進めていかざるをえないという状況にあっては，裁判所としても，参加人が同一人物に対して所有権移転登記を求めて参加を申し出ている以上，とりあえずその関与を認めて，以後どのような展開になるか見まもりたい，という対応をとるのもごく自然のことのように思われる。参加人の攻撃防御活動によって，本訴原告の買受けが否定されることもありうるし，逆に，原告の反撃にあって参加人の主張がつぶれることもありうる。そうして，こうして参加申出を認めて参加人の関与の実績が築かれた以上，結果的に原告の請求と参加人の請求とがともに成り立つことになったとしても，そのことをもって遡

って参加申出を不適法としてしまうのは妥当でない。二重譲渡のケースで独立当事者参加を認めた大阪高判昭和43年5月16日（判時554号47頁）が，「しかしながら，右は本案審理の結果言えることであって，後段の参加の要件としての権利の非両立性は，参加の理由によってのみ判断すれば足りるというべく，右のように実体法上同一の権利関係が相対的に帰属するため請求が両立し得ることを理由に，かかる参加を不適法とすることはできないと解すべきであろう。」としたのも，手続の流動的・発展的性質に照らして，至極当然のことを述べているとみられる。ただ，参加申出者の中で，両立しないことを述べておけばよい，述べていなければ認められないと割り切ることができるかどうかは，疑問である。

　第三に，このような紛争で，第三者（参加申出人）が自己の要求内容について審判を求めつつ，原告・被告間の訴訟についても必要に応じて関与していく手続上の地位を認めるべきであると思われるが，そのような併合審判を求める途が用意されていない点が問題である。補助参加では足りないし，主参加（旧民訴60）では，併合審判の保障はない。第三者が途中で共同原告に加わって，追加的に共同訴訟をもたらすことも，実務の壁は厚く認められていない。独立当事者参加は，このような現状の中で，唯一の選択肢としてとられるのである。もちろん，別訴の提起が可能であるし，弁論の併合の方法もある，というのが制度設営サイドの言い分であろうが，利用者からは自己のイニシャティヴで直接的に併合審理の要請に応える途を選びたい，というのが実情であろう。それに，別訴提起・弁論の併合だと，第三者は原告・被告間の訴訟には関与できない。

別紙資料2

　　三木浩一「独立当事者参加における統一審判と合一確定」新堂先生古
　　稀記念『民事訴訟法理論の新たな展開（上）』832頁以下
　　2　肯定説の位置づけ
　肯定説に立つ学説のなかでも一部の見解は，右に述べたような理論面での弱さを自覚しており，権利主張参加の要件とはやや別の次元から肯定説を根拠づけようとする立論がみられる。
　第一は，ZのYに対する参加請求だけを取り上げるとXのYに対する本訴請求と両立しうることは否めないが，ZがXに対して所有権確認請求を定立することにより，XとZとの間で所有権の帰属をめぐる紛争があることになり，結局のところ，不動産の所有権をめぐる相互に両立しない請求が三者間で争われる構図となるため，権利主張参加の要件を満たすという考え方である。しかし，こうした考え方に対しては，ZからXへの請求がどのようなものであろうと紛争の実相は変わらないはずであるのに，所有権確認の請求が立てられているかどうかだけで，独立当事者参加が許されたり許されなかったりするというのは，あま

りにも請求にとらわれた形式的な考え方であるという批判がすでになされている。また，実体法的に考えてみても，Xの所有権とZの所有権の優劣は登記の前後によって決まるのであり，両者が互いに登記を求めて訴えを提起している二重譲渡事案では，両者の所有権は互いに他を排斥することができないから，ZがXに所有権確認の請求を定立してみても，相互に両立しない関係を創出することはできない。すなわち，たとえ独立当事者参加が認められて三者間で審理が行われ，三者に対する判決が一斉に矛盾なく確定したとしても，それだけではXの所有権とZの所有権の優劣は定まらず，これに基づく登記がなされて初めて排斥関係が発生するのであるから，ZがXに対して所有権確認請求を定立したかどうかは，参加の拒否になんら関係しないはずである。

　第二は，井上治典教授の考え方である。井上教授は，権利主張参加は両立しえない請求についてのみ認められるとする前提を不動の法理とみるかぎり，否定説はきわめて論理的であり筋が通っているが，この要件を愚直に適用すると紛争の実態から乖離することになるから，さほどこの要件を厳格に考える必要はないとする。そして，次のようにいう。不動産の二重譲渡があった場合に，二人の買主が競合して登記手続請求を求める紛争は，社会的実体としては一つの物の支配権をめぐる紛争であり，本訴および参加申出はそのような紛争プロセスの一環として使われている。X・Y間の訴訟にZが自己への移転登記を求めて介入し，X・Y間の訴訟活動を牽制しつつ自己の立場から主張・立証を行うということは，たとえ結果的にXの請求とZの請求がともに認められることになったとしても，同一物をめぐるX・Z間の紛争に一里塚を築くものであり，独立当事者参加訴訟それ自体で三者間の紛争の解決が最終的に図れなくてもそれなりに意味がある。通説および有力な実務が権利主張参加を認めてきたのは，このような感覚を肌身で感じとって実践してきたからにほかならない。

　すなわち，二重譲渡事案では独立当事者参加訴訟に期待された本来の機能である三者間の紛争の一挙かつ合一的な確定は図れないとしても，社会的実体として相互に密接に関連する三者間の紛争を統一的に審判すること自体に十分なメリットがあるのであり，反対にこれといったデメリットはなにもないから，独立当事者を認めるべきであるという趣旨であろう。肯定説のほとんどは，二重譲渡事案において権利主張参加が認められるという結論を説くのみであるが，井上説は否定説が有する論理的な一貫性を認めたうえで，その前提である権利主張参加の要件自体に疑問を投げかけるものであり，肯定説のなかでは最も説得力があるようにみえる。また，他の肯定説も明示的には表現していないが，背後には，井上説と類似の考慮があるものと思われる。しかし，果たして，その説くところは正しいのであろうか。筆者には，肯定説にはこれといったメリットはないばかりか，反対に重大なデメリットがあるように思われる。

3　肯定説に対する疑問

かりに，二重譲渡事案において権利主張参加が認められた場合，審理が順調に推移すれば，以下のような事態が想定される。ＸのＹに対する所有権移転登記請求と，ＺのＹに対する所有権移転登記請求は，実体法上相互に排斥する関係にはないから，それぞれについて無効原因や取消原因等の瑕疵がないかぎり，いずれの請求も判決において容認される。また，ＺのＸに対する所有権確認請求と，ＸのＺに対する所有権確認請求（ＸがＺの参加を受けて追加的にＺに対する所有権確認請求を定立した場合）は，両者ともに自己の所有権を他の買受人に対して主張できないから，ともに判決において棄却される。したがって，同一不動産の所有権をめぐるＸ・Ｚ間の紛争は，この独立当事者参加訴訟によって，なにひとつとして解決することはない。それどころか，次に述べる理由により，Ｘ・Ｚ間における同一不動産の所有権をめぐる紛争の解決はかえって混乱または遅延することになり，しかも不公正な結果を招来する可能性すらあるように思われる。

　かりに，Ｚの独立当事者参加が認められなかったとすると，ＸのＹに対する所有権移転登記請求の訴えとＺのＹに対する所有権移転登記請求の訴えは，それぞれ別々に係属することになるため，ＸとＺのいずれかが先に確定判決を取得し，その者が単独で所有権移転登記を申請することができる（不登法27条）。これによって，登記を得た方の譲受人は他の譲受人に自己の所有権を主張することができるようになるから，両者の間における同一不動産をめぐる紛争は最終的に決着する。ところが，これと反対に，独立当事者参加が認められた場合には，合一確定の要請から一部判決は許されないと解されており，本訴請求と参加請求のすべてを必ず一個の判決で同時に裁判しなければならないから，ＸとＺは同時に勝訴判決を得ることになる。この場合，判決書の送達時が異なれば判決の確定時も異なることになるため（285条・313条・116条），ＸとＺのいずれが先に確定判決を取得するかは，郵便事情その他の不合理な要素に左右されることになる。また，現在の郵便事情では，ＸとＺがほぼ同時に送達を受けることも，決してすくなくはないであろう。また，いうまでもなく当事者またはその代理人が裁判所に出頭して書記官送達を受けることも可能であり（100条），ＸとＺの双方がそれぞれ真剣に相手に先立って登記を得ようとすれば，両者ともに判決言渡しの当日に書記官送達を受けるべく，速やかに行動するはずである。そうすると，両者はいわば同時スタートでそれぞれ単独で登記申請ができることになり，わずかな時間差で先に登記手続を終えた者が相手に優先するため，両者が先を争って登記所に駆けつけるという戯画的な状況すら，まったくありえない話ではないことになる。（中略）したがって，両者が同時に登記申請をするという極端な事態が生じた場合には，最終的な決着すら得られないことになる。

　翻って考えてみると，不動産の二重譲渡は，自由な取引の過程において当然に起こりうる事態として，民法の立法当初から想定されており，意思表示による物権変動の特則として，登記の先後で所有権の帰属を決するのが民法の原則である（民法176条・177条）。この場合，

背信的悪意のケースなどを別にすれば，基本的には自由競争の原理が支配するから，XとZは互いに公正かつ自由な競争に基づき，先に登記を取得すべき立場にある。XがZに先んじてYに提起した所有権移転登記請求の訴えは，まさにこの公正かつ自由な競争のための，手段のひとつといえる。この場合，かりに，Zの独立当事者参加が認められないものとすれば，Zは別訴を提起して，Xより先に確定判決を得るために努力するという形で，戦争に参加することになる。もちろん，先に提起した訴えについて先に判決が確定するという保障はないし，訴訟の進行スピードはしばしば偶然その他の不合理な要素に左右されるから，当事者の努力が正当に報われるという保障はない。しかし，そうした条件やリスクは両者が等しく負うものであり，公正かつ自由な競争の状態が存在することに変わりはない。ところが，Zの独立当事者参加が認められるものとすると，スタートに立ち後れたZは，本来別個の目的で設計されている独立当事者参加制度における統一審判の仕組みを奇貨として，Xと同時に判決を得ることができるという不公正が生じることになる。

　それでも，Xの請求とZの請求が相互に対立・牽制し合う関係にあるとすれば，独立当事者参加制度の立法趣旨に照らして，このような事態の発生をやむをえない副作用と考える余地もないではない。しかし，両者の間で対立・牽制の関係にあるのは最終的な所有権の帰属であって，本訴請求と参加請求の間にはそのような関係は存在しない。民事訴訟は実体権の存否を確定する作用を営むが，二重譲渡事案におけるX・Z間の優劣は，実体権の存否を訴訟の場で確定することにより決まるのではなく，いずれが先に登記名義を得るかという事実行為で決まる。すなわち，訴訟の場で解決がつかない両者の間の紛争に対して，独立当事者参加という合一確定のための制度を用いようとすることに，もともと無理があるのである。井上教授は，たとえ結果的にXの請求とZの請求がともに認められることになったとしても，同一物をめぐるX・Z間の紛争に一里塚を築くことになるとされるが，その意味はいささか理解しにくい。たしかに，XとZのいずれかが背信的悪意者などの登記なくして対抗できる第三者であることが判明した場合には，たとえYに対する関係では両者が勝訴しうるとしても，一方が登記取得をあきらめたり和解の気運が醸成されるなどにより，X・Z間の紛争解決に資することが考えられる。しかし，こうした特殊な事情がない場合には，Zの独立当事者参加はXとの間の紛争解決になんらの意味をもたず，一里塚が築かれる余地はほとんどない。

　4　統一審判の神話の実相

　井上教授は，「71条後段〔旧民訴法—筆者注〕の権利主張参加を『請求が両立しない場合』，『請求を理由づける権利主張が両立しない場合』に限定することに，そもそもそれほどの必然性があるのかどうか」という問題意識を提示され，結論として，「『請求（またはそれを理由づける権利主張）が両立しない場合』というのは，独立当事者参加が認められるコアーとしての典型的要件を言っているだけであって，厳密な意味でそれにあたらなくても参加が

許される場合がありうる，と考えられる」とされる。たしかに，井上教授がかねてから説かれているとおり，独立当事者参加においては，統一審判および合一確定の要請といっても，それは必要的共同訴訟の場合におけるような本質的な要請ではない。しかしながら，それだから参加の要件を厳密に考えなくてもよいというのは，思考の方向が逆ではあるまいか。独立当事者参加の要件を緩和することにより，社会的に密接な関連を有する複数の請求を広く統一審判に付すべしという主張は，それだけを聞くとまことにもっともに聞こえるが，これまでの考察から明らかなように，相互に矛盾関係のない請求を無理矢理に統一審判に付すことにより，実体法が予定している本来あるべき自由競争の姿をゆがめ，場合によっては紛争解決それ自体をも困難にするという事態が生じうるということを看過してはならない。すなわち，たとえ社会的に密接に関連する複数の請求であろうとも，これを統一審判に付することが常に望ましいわけではないのである。こうした考察に照らして権利主張参加の要件をあらためて考えてみると，参加請求と本訴請求の間の非両立性という基準は，まさに要件としての実質的な意味を有するのであり，文字どおりに厳格に運用する必要があるものと解される。井上説が説くような緩和的な運用は，基本的には無用または有害な審判の統一をもたらすだけであろうと思われる。

設題21　簡易裁判所の手続

　F会社に勤務するAは，B会社の中国語会話クラスに入会した。入会金20万および毎月の授業料2万円（2年間で48万円）は，C信販会社がB会社に一括で支払い，AはCに毎月3万円を2年間にわたって支払う旨の契約をAC間で結んだ。

　Aは，当初の中国人の担当教師が3ヵ月目に日本人に交代した時に話がちがうとしてB社にかけ合ったが，B社は聞き入れなかったので，会話クラスを止め，5ヵ月目以降のC会社への支払いも止めた。C会社は，残金57万円につきAに再三支払いを求めたが，Aは応じない。

(1)　もし，C会社が，裁判所の手続に持ち込めばAは支払義務があることを争わないであろうと判断するときには，Cはどのような手続をとればよいか。

　　Cが，F会社からAに支払われる給料を差し押さえるには，どうすればよいか。

(2)　C会社は，簡易裁判所に訴訟を提起し，少額特則手続を選択した。
　　この手続は，簡易裁判所の通常手続とどこが違うか。

(3)　少額特則手続において，「支払いの期限を先に延ばし，かつ，分割弁済の判決ができる」根拠と理由を説明せよ。

(4)　少額特則手続では，和解で終わることが多い。なぜか。

(5)　和解で終るのであれば，C会社は民事調停を選択したほうがよいとは言えないか。

(6)　CA間の訴訟で，AはB会社が約束違反をしたので支払う義務はないと主張した。このAの抗弁は通るか。

(7)　CがAを相手に訴訟を提起し，AがCおよびBを相手どって民事調停を申し立てた場合，どのように手続を進行すべきか。

小問(1)へのアプロウチ

(1)　支払督促手続の流れを示せ。

(2) 支払督促を受けた相手方（債務者）が督促異議を申し立てる例が，予想以上に多いのはなぜか。

(3) 5,000万円の支払いを求めるX（住所東京都）がY（住所大阪市）に売掛代金の支払いを求める場合の支払督促の申立ては，どこのどの裁判所に行うか。

(4) 「審尋」とは何か。
　「支払督促は，債務者を審尋しないで発せられるので，不公平な手続である」という意見に答えなさい。

(5) 裁判所書記官は裁判をする立場にないのに，書記官が支払督促について審理・判断するのはおかしいとの意見がある。これについてどう考えるか。

(6) 民事訴訟法396条の「確定判決と同一の効力」とは何か。

(7) 債権者が，債務者の財産を差し押さえるには，どの段階でいかなる手続を要するか。

(8) 債権者が債務者の給料債権を差し押さえる執行手続を説明せよ。

設題 21　簡易裁判所の手続

小問(2)へのアプロウチ

(1)　簡易裁判所の通常の訴訟手続は，地方裁判所の訴訟手続とどう違うか。

(2)　少額特則手続は，簡易裁判所の通常手続とどう違うか。

(3)　本設題のような紛争は，Aから消費者センターに持ち込まれることも少なくない。消費者センターの紛争処理手続と簡易裁判所の訴訟手続とはどう違うか。ADRと裁判との関係は，いかにあるべきか。

(4)　少額特則手続の利用に回数制限が設けられているのは，なぜか。

(5)　少額特則手続では，証拠調べが制限されているが，「即時に取り調べることができる証拠」とはどういうものか。

小問(3)へのアプロウチ

(1)　この特則手続において，支払期限を先に延ばしたり，分割払いを命じる判決をすることができる理由を述べよ。

(2)　実際には，このような判決がなされることはほとんどない。なぜか。

(3) 和解的判決とは何か。判決と和解とで，それほどの違いはあるか。

小問(4)～(7)へのアプロウチ

(1) 少額特則手続では，「和解の押しつけ」がしばしば見られると言われている。なぜか。

(2) Aが無資力で支払ってもらえる見通しがない場合でも，C社はAを被告とする訴訟を提起することとしている。なぜか。

(3) CA間の訴訟で，被告Aは，B会社の会話クラスの約束違反を持ち出して，立替金の支払いを拒絶する理由とすることができるか。

(4) CまたはAが，調停を申し立てた場合，調停の手続と少額特則手続とでどのような違いがあるか。

(5) Cが少額特則手続を申し立てた後に，Aが民事調停を申し立てた。それぞれの手続は，どのように進行するか。Aが民事調停を申し立てた後に，Cが少額特則手続の訴訟をした場合はどうか。

設題 22　上訴の利益と上訴審の構造

> Xは，Yを相手どって，売買代金1000万円の支払いを求めるとともに，売買契約が無効である場合に備えて，売買目的物の返還を求めた。
>
> (1) 第一審は，Yに対して800万円の支払いを命じる判決を下した。
>
> 　　Yが控訴した場合，Xは，代金は1200万円であるとして，付帯控訴ができるか。
>
> (2) 800万円の支払いを命じる第一審判決に対してYのみが控訴した場合に，控訴審が売買契約は無効であると判断した場合，目的物の返還を命じることができるか。
>
> (3) 第一審は，XY間に売買契約は成立せず，AY間に売買が成立し，代金請求権はXではなくAに帰属するとして，Xの請求をすべて棄却した。この判決には，XY間で売買が成立し代金は代物弁済したと主張するYにとっても不満である。Yは控訴できるか。
>
> (4) Xの売買契約代金請求を棄却し，目的物返還請求を認容した第一審判決に対し，Yのみが控訴した場合，控訴審は，売買契約は有効に成立したとして，売買代金請求を認容することができるか。
>
> (5) 控訴審において，当事者は第一審における口頭弁論の結果を陳述しなければならない（民訴296条2項）のは，なぜか。
>
> (6) 第一審は，1000万円の支払いを命じたが，控訴審は，600万円の支払いを命じる判決を下した。
>
> 　　この判決に対して，当事者が上告できるのは，どういう場合か。
>
> (7) 上告審が口頭弁論を経ないで上告を棄却することができる（民訴319条）のは，なぜか。

小問(1)へのアプローチ

(1) 不服を申し立てることができない裁判にはどのようなものがあるか。

> 小問(2)へのアプローチ

(2) AがBに目的物の返還とともに損害賠償を求め，第一審はいずれの請求も認容し，Bが目的物の返還請求について控訴した。

　(ア) 損害賠償請求の判決部分は確定するか。

　(イ) 控訴審が，目的物の返還も損害賠償請求もいずれも成り立たないと判断する場合，どのような判決をするか。

(3) 上訴審が，不服が申し立てられた限度でのみ審判しなければならないのはなぜか。

(4) 上訴の利益があるかどうかは，いかなるスタンダードによって決められるか。

(5) 付帯控訴とは何か。

(6) 本設題(1)に応えよ。

> 小問(2)へのアプローチ

(1) 請求の予備的併合とは，どのような性質の併合形態か。

(2) 小問(2)において，第一審裁判所は，800万円の代金支払いを命じる場合，目的物返還請求については，どのような判断をすべきか。

設題22　上訴の利益と上訴審の構造

(3) 目的物返還請求について，不服の申立てがあるといえるか。

(4) 小問(2)に応えよ。

小問(3)へのアプローチ

(1) 判決理由中の判断に不服がある場合，上訴できるか。

(2) 判決理由中の判断に一定の場合に拘束力を認める立場に立ちつつ，上訴の利益を認めないのは矛盾とはいえないか。

(3) 小問(3)に答えよ。

小問(4)へのアプローチ

(1) 最判昭和58年3月22日（百選115事件）の判旨とその考え方を説明せよ。

(2) 主位的請求棄却判決に対する原告の控訴がなくても，控訴審は小問(4)の判決ができるとする立場から，その論拠を挙げよ。

小問(5)へのアプローチ

(3) 「不服が必要であると決まれば，原告代理人（弁護士）はそれに従って控訴を提起しておけばよいのだから，あえて不服申立ては必要がないなどの考えをとるまでもない」という意見を論評せよ。

(4) 小問(4)について，Xの控訴を必要とする立場に反論しながら，自己の考え方をまとめてみよ。

小問(5)へのアプローチ

(1) 控訴審は続審である。続審とは何か。

(2) 高裁の実際では，初回期日に弁論が終結されることが多い。
控訴審は，実際上は事後的に一審判決の当否を審査する事後審ではないか。

(3) 控訴審で新たな主張の提出や訴えの変更がなされることもある。
訴えや主張の変更・追加は，どのような場合に認められ，または認められないか。

(4) 高裁は，「中二階」とも言われる。それは，どういう意味か。

(5) 第一審の弁論・証拠調べに関与していない控訴審裁判官が「継続して審理・判断する」のは，直接主義に反するとはいえないか。

設題22 上訴の利益と上訴審の構造

小問(6)へのアプロウチ

(1) 上告理由と上告受理申立理由になり得るのは，どういう場合か。

(2) 事実認定の経験則違背は，上告の理由となるか。（百選117事件）

(3) 審理不尽はどうか。

(4) 上告審が原判決を取り消す場合，どのように対応するか。

(5) 破棄判決は，原審をどのように拘束するか。

(6) 上告と再審とは，どのように異なるか。

(7) 最高裁における調査官の役割は，どのようなものか。

小問(7)へのアプロウチ

(1) 最高裁において口頭弁論が開かれるのは，どういう場合か。

(2) Yが上告を提起した場合，XはYの上告理由に反論できるか。

(3) 口頭弁論を開かないで判決ができる場合は，他にどういう場合があるか。

(4) 上告審が決定で裁判できる場合があるか。

(5) 上告審の裁判は，何時確定するか。

綜合問題

本書の修得度または自身の学力を試す意味で，以下の〈設題1〉—〈設題3〉について，六法全書のみを参照して，答案を作成してみよ（答案作成時間120分）。

〈設題1〉

　Y会社がビル建設工事を甲社から請け負って，クレーン車でH型鋼をつり上げて移動する作業をしていたところ，H型鋼が他の鋼材と接触して傾き，作業をしていたX_1 X_2が重傷を負った。作業の現場責任者Aは，警察署での取調べに際し，作業の安全管理に問題はなく，クレーン車を運転操作していたMは，前夜遅くまでX_1 X_2と飲酒していたと述べた。

　X_1 X_2は，Y会社に損害の賠償を求めたが，Yは，事故はX_1らの責任に起因するものだとして応じない。

(1)　X_1らが，損害賠償を求める訴訟を提起するとして，誰を被告として，いかなる請求原因を掲げればよいか。

　　X_1らが過失相殺を予知する場合，どのような請求内容の訴え提起をすればよいか。

(2)　X_1らが，Y会社の「建設作業安全管理規則」の内容を訴訟に顕出したいと考える場合，どのような方法をとることができるか。

(3)　「X_1 X_2が，前夜Mと遅くまで酒を飲んでいた」かどうかは，本件でどのような意味を持つか。原告側，被告側のうち，どちらが立証すべきか。

　　弁論準備手続終了後に，被告側がこのような主張を提出した場合，どうなるか。

(4)　X_1は，事故の状況等につき，陳述書を提出した。X_1の本人尋問を行うこと

なく，陳述書記載内容を認定，判断の基礎とすることについての問題点を述べよ。

(5) 訴訟係属中，Y社がX₁に1000万円，X₂に800万円支払うことで話がついた。
　　どのような手続をとればよいか。

〈設題 2〉
　少額特則手続において，「弁済期を猶予し，分割払いを命じる判決」をすることができる理由を述べよ。

〈設題 3〉
　N出版社（株式会社）はP週刊誌を発行している。編集人・発行人はQである。
　P誌は，特集号で建築家Aを代表とするB建築事務所（株式会社）が設計した建築物について，Aを対象として顔写真入りの記事を掲載した。ライターはRであり，その記事中には，建築家Sの「Aのデザインセンスは，田舎の成金思想」との談話も掲載されている。
　T株式会社は，Bのライバル建築設計事務所であるが，このP誌特集号をBの取引先等に大量に頒布した。

(1) この記事によって自己の名誉および社会的信用が傷つけられたと信ずるAは，誰を被告としてどのような請求を立てて訴えればよいか。謝罪広告と損害賠償に分けて，それぞれについて適切な被告を選び出せ。

[綜合問題]

(2) 原告が謝罪広告の掲載を求めた場合，その請求についての問題点を述べよ。

(3) 記事中には，B社の名前が全く出されていない場合，B社も原告になるべきか。

(4) P誌の次号にも続編が発行される場合，これを止める方法があるか。

(5) 名誉毀損訴訟についての日米の立証責任分配の違いを挙げ，その理由を述べよ。

【解説】

〈設題1〉

[1] 被告の選定について

(1) 被告の選定について，誰を相手方とすべきかが問われている。相手方とすることができること(当事者能力，当事者適格を具備すること)が前提であるが，設問はこれを前提として，さらに誰を相手方とすることが適切かを問うている。

できる相手方をA, M, 甲, Yと列挙する答案が予想されるが，それでは不十分。

(2) Y社を被告とすることは，はずせない。その他に，他の者を被告とするのが妥当かどうかを検討すべきである。

このうち，甲はY甲間に特殊な関係がなければ請求は立ちにくいし，Mは，作業員であるから資力の点に問題があるばかりでなく，Mを被告として敵にまわすことが，X_1らの訴訟追行上得策かどうかが問題である。ここでは，実

践感覚と実務的な知恵が問われる。

　　Aは，事故の原因と作業の状況いかんによって，被告にすることが妥当な場合はあり得る。

(3) 請求原因としての法的根拠は，まずはX_1らとY会社間の雇用契約上の債務不履行（安全配慮義務）を考えるのが通常であり，あわせて予備的に不法行為を考えるのが普通である。当事者間に契約関係があれば，契約上の責任を第一次的に検討すべきであるからである。X_1らの主張，立証の負担（責任）からもそう言えるが，この点は，安全配慮義務違反を問う場合と実質的にほとんど変わらないとの指摘もある。

　　不法行為を先に検討するものが多いかもしれない。

　　Aに対する請求原因は，不法行為をまず検討することは適切であろう。

(4) X_1らが飲酒作業による過失相殺を予知する場合，(ア)過失相殺をした残額を請求する方法，(イ)全額を請求する方法，(ウ)一部請求として請求する方法の三つが考えられる。少なくとも(ウ)の一部請求には論及してほしい。

　　なお，事案にもよるが，一般論としては，原告がはじめから自分の過失を認める(ア)の方法は，実践的戦略としては拙い。ここでも実務感覚が問われる。

[２] 資料の提出について

　　文書の送付嘱託を挙げるものがあるが，当事者間では送付嘱託はあり得ない。当事者は訴訟の主体であるから，出すべきときは，「送付」ではなく「提出」であり，「嘱託」という依頼型の措置（裁判）はあり得ないからである。

[３]「Mと遅くまで酒を飲んでいた」事実について

(1) この事実は，X_1らが酔って作業をしていたのとY側の過失相殺の主張を基礎づける間接事実と言えるが，Mが同様に酔ってクレーン車を操作していたという点では，Y側の帰責事由，安全配慮義務違反，過失を基礎づける事実であるという面もある。

　　また，事案によっては，Yの責任を全面的に否定する事実（間接事実）にも

> 綜合問題

なりうる。

　したがって，この事実の持つ意味は，事案と主張・立証の具体的経過（コンテクスト＝文脈）の中でしか性質づけできないが，Mの過失を問題にする場合をのぞいて，被告Y側が主張・立証する責任を負う，ということは言えそうである。

(2)　弁論準備手続終了後のYの提出については，Xからの理由説明要求とYの回答の手続が用意されており，これ抜きに裁判所が時機に後れたものとしていきなり却下することは通常はあり得ない。

　Xからの「理由説明要求」に全く言及しない答案は，不十分。

　それは，訴訟手続上の問題をYと裁判所との「たての関係」でしか考えない思考のあらわれであり，XY間の「水平の関係」が頭にないものであり，根本的に「欠陥思考」である。

　まずは，当事者間の関係で考えるという訓練を身につけなければ，弁護士にも裁判官にもなる資格はない。

[4] 陳述書を尋問に代えることについて

　陳述書は，X_1の認識を一方的につづるものであり，Yの認識とは当然に異なるところも多い。この一方的な書面を，Y側の反対尋問を経ないで，認定・判断の基礎とすることは妥当でないばかりか，違法の疑いもある（採証法則の誤り）。口頭による尋問と反対尋問の機会の保障（公正，適正）の大切さの基本を問う問題である。

[5] 訴訟外の和解成立

　当事者間で和解書を作って訴訟を取り下げる方法と訴訟上の和解を行う方法とのいずれかによる。後者のほうが，和解条項も正確かつ公正になるばかりでなく，和解内容を履行しない場合，ただちに強制執行できるので利点が多い。また，和解の無効が争われる余地も少ない。

　なお，訴訟上の和解が成立すれば，それで訴訟は終了するのであり，あらためて訴えを取り下げる必要はない。

$X_1 X_2$ とで，別々に和解書を作るかどうかは，当事者の意向による。

〈設題2〉

　このような判決をする「必要性」について論じるだけでは，根拠にならない。

　少額特則手続を選択したことによって，このような判決をすることについての「合意」があることに根拠を求めたり，この手続の本質は「仲裁手続」であるから当然にこのような判決ができるとの見解をどうみるか。

　筆者は，実定法規範の相対化（借りたものは，期限が来れば一括で返さなければならないという実定法規範は絶対的な規範ではなく，他にも規範はある），判決後の交渉による再調整が困難な状況の中で，裁判の中で履行可能な実質的調整をせざるを得ない状況が生まれ，それに基づいて弁論内容も，単に貸し借りがあったかどうか，返済の期限が到来しているかどうかに限定せず，貸し借りの目的，返済状況，今後の返済の見通しなどをも取り込んだものになる。そのような弁論の内実を反映した結論がこのような判決結果になると考える。したがって，このような判決結果を正当化する根拠は，直接的には，上述の理由から導かれる「弁論の内実」である。

　「合意説」，「仲裁説」は，事の本質に迫っていないことを説得的に展開できれば，高評価の解答になる。「合意説」，「仲裁説」は「並」の答案。

〈設題3〉

- Tを被告とするかどうかに言及していない答案は，足りない。
- 名誉毀損に基づく，出版差止めの仮処分の被保全権利（法的根拠）に言及しない場合は，それも不十分。
- 日米の立証責任分配説の違いを具体的に認識しない答案は，水準に達していない。「名誉毀損にあたる」ことの主張・立証責任が原告にあることは日米同じ。違うのは，真実性または相当性を中心とした事由が，被告側の立証負担になるかどうかである。

　わが国は，名誉毀損を容易に認めるかわりに，損害賠償額を低めに押さえ，謝罪広告や出版差止めもなかなか認めないことで，バランスをとっているともいえる。

〈著者〉

　井上治典（いのうえ・はるのり）

　　現　在　立教大学法科大学院教授

〈主要著作〉

　多数当事者訴訟の法理（1981年，弘文堂）

　民事手続論（1992年，有斐閣）

　多数当事者の訴訟（1993年，信山社）

　新民事の訴訟（共著，2001年，悠々社）

　実践民事訴訟法（2002年，有斐閣）

　民事手続の実践と理論（2003年，信山社）

アプロウチ＆Qで学ぶ　設題民事訴訟法

2005年（平成17年）2月25日　初版第1刷発行

著　者　井　上　治　典

発行者　今　井　　　貴
　　　　渡　辺　左　近

発行所　信　山　社　出　版

〒113-0033　東京都文京区本郷6-2-9-102
TEL 03(3818)1019　FAX 03(3818)0344

Printed in Japan

© 2005，井上治典

印刷・製本／東洋印刷・和田製本
ISBN 4-7972-2420-7　C 3332